The Little Luminous Boy

Samten Gyaltsen Karmay

光の少年

チベット・ボン教の二つの図像から読み解く秘密の口承伝統

サムテン・ギェンツェン・カルメイ 著
津曲真一 訳

ナチュラルスピリット

The Little Luminous Boy

by Samten Gyaltsen Karmay

Japanese-language publication is a translation of the book
published in 2018 by Vajra Books, Nepal.

親愛なる両親に捧ぐ

光の少年　目次

第一部　タンカI

凡例

一　カ゚・ク゚・ケ゚は、チベット語の nga・ngu・nge の音写である。カ゚・ク゚・ケ゚はンガ・ング・ンゲと発音する。

一　［　］内に記した数字は、チベット語原典の頁数である。

一　〔　〕は訳注である。

一　本文中の注の説明は巻末にまとめた。

一　（キャプションⅠ・〇）とある箇所については本書三一頁の図を、（キャプションⅡ・〇）とある箇所については本書二〇一頁の図を参照されたい。

序文

近年、西洋諸国ではチベット仏教の瞑想法に対する関心が高まっている。また、そうした状況を受け、チベット仏教の四大宗派はこれまで、欧米各地に瞑想センターを創設してきた。ところで、こうしたムーヴメントに関わる人びとの中には、ボン教にも瞑想法が伝えられているのかどうか、知りたいと思っている人たちがいるようだ。実際、ボン教にも瞑想についての教えは存在する。ボン教徒は複数の瞑想体系を継承してきたが、そのうちの一つが『シャンシュン・ニェンギュ』（シャンシュンの聴聞相続）と呼ばれる教典群の中に収められている。イタリアのシャンシュン研究所（The Shang-shung Institute）は、シャンシュン・ニェンギュの教説に感化されたナムカイ・ノルブが、この教えを追究するために設立した施設である。

この他、ロプン・テンジン・ナムダクや、インドやネパールのボン教寺院で活動をしている彼の弟子たちも、ヨーロッパやアメリカを中心に、各地で『シャンシュン・ニェンギュ』に関する講演や、瞑想法の指導を活発に行っている。また学問の分野では、これまでに何人かの学者たちが『シャンシュン・ニェンギュ』を取り上げ、その一部はすでに欧文言語に翻訳されている。彼らの研究成果については、本書巻末の文献目録を参照されたい。

一九八五年、私はパリのフランス国立科学研究センター（CNRS）の支援を受け、チベット北東部のアムド地方で実地調査を行っていた。その際、私は幸運にも、ある荒廃した寺院の中で一枚の宗教画（本書中のタンカⅡ）を発見した。それはシャンシュン・ニェンギュの教義を図像によって表現したものだった。現地に滞在している間、私はその宗教画（以下、タンカ）の写真を何枚か撮影した。そして帰欧後、そのタンカについて調べていたところ、全くの偶然にも、ドイツから私のもとに別のタンカの写真（本書中のタンカⅠ）が送られてきた。そのタンカは個人が所蔵しているもので、その写真には、何が描かれているのか調べて欲しいという依頼書が添えられていた。二枚の写真を手に入れ、私の心は躍《おど》った。二つのタンカには、私の関心を惹く主題が描かれており、またそれはいくつかの理由で、研究を進める価値があるものだった。一枚のタンカは、シャンシュン・ニェンギュの教理を図像によって表現したものであり、もう一枚のタンカは、シャンシュン・ニェンギュの教えを相承《そうしょう》した伝説上・歴史上の導師たちの姿を、系統立てて描いたものだった。これらのタンカは、専門家たちの間でも、まだほとんど知られていない宗教文化の存在を証明するものであり、また文献を手掛かりにして、その内容の裏付けを取ることも可能だった。こうして私は、有意義な研究に取り組み、その成果を公表する機会を与えられた。この種のタンカは、一九六〇年代から七〇年代の文化大革命期に行われた文物《ぶんぶつ》の組織的破壊、およびその後の混乱によって散《さん》佚《いつ》してしまい、現在のチベットではほとんど目にすることができなくなってしまった。

一九九四年八月　パリにて

サムテン・G・カルメイ

第二版への序文

本書の初版本は一九九八年にホワイト・オーキッド・プレス（White Orchid Press）から出版され、二〇〇六年以降は絶版となっていた。

初版本の図版やテキストにはいくつかの誤りが紛れ込んでいたが、これらの誤りは第二版では改訂・修正されている。

瞑想の教えと実践への関心は、ここ数年の間で急速に高まっている。第二版の出版により、より多くの人びとがボン教の瞑想法や歴史に触れることになれば幸いである。本書はボン教の貴重な図像を収録しており、また古代の資料に基づいてボン教の歴史や瞑想法について解説を行うものである。

第二版の出版に際しては、ヴァジュラ・パブリケーションズ（Vajra Publications）に大変お世話になった。ここに記して厚く感謝申し上げたい。本書がボン教に関心ある読者にとって有益なものとなることを切に願う。

二〇一七年一〇月三〇日　パリにて

サムテン・G・カルメイ

チベット文字の転写方式と表音綴字

本書ではワイリー転写方式に基づいてチベット文字をローマ字に転写した。ダイアクリティカルマーク（発音区別符号）を用いずにチベット文字をローマ字化することができるワイリー転写方式は、チベット文字をコンピュータ上で扱う際に最も便利な転写方式として今日広く採用されている。また本書では、チベット語に不慣れな読者の便宜を図り、すべての固有名詞を表音綴字《つづりじ》で表記した。ただし、チベット語の術語、書名、およびタンカの銘文については、それを表音綴字で記すと煩雑になるので、ローマ字転写のみを記すことにした。また、私が要約したチベット語原典の該当頁は［p.15］のように角括弧内に記し、本書あるいはその他の資料の該当頁については（p.15）のように丸括弧の中に記した。ワイリー転写方式に基づくチベット語の三〇子音と四母音のローマ字表記は以下の通りである。

三〇子音

ka kha ga nga/ ca cha ja nya/ ta tha da na/ pa pha ba ma/ tsa tsha dza va/ zha za 'a ya/ ra la sha sa/ ha a/

四母音

i u e o/

謝辞

本書の英文については、ロンドン大学の友人、ジョン・D・ムーア博士（Dr. John D. Moores）にチェックをしていただいた。この仕事に従事している間、博士はいつもと同じように、非常に貴重な助言を私に与えてくれた。また同僚のペル・クヴェルネ（Per Kværne）からも数々の有意義な提言が与えられた。この他、本書の草稿や図版の整理については、ピーター・スキリング（Peter Skilling）とH・K・クロイ（H. K. Kuløy）の手を煩わせた。ここに記して、心から感謝の意を表したい。

はじめに

近年、チベットの宗教に関する研究はめざましい発展を遂げているが、これまでの研究においては、チベットの宗教文化の特定の面に焦点を当てた研究が好まれてきたと言うことができる。一つの町のように見える巨大な仏教寺院や、そこに膨大な数の信徒が押し寄せる様子は、一八世紀にチベットを旅した西洋人に強烈な印象を与えた。その結果、そうした宗教文化について記述することが、チベット仏教に関する西洋人たちの著作の主要なテーマとなったのである。西洋人たちは、仏教哲学者や仏教経典の翻訳者、注釈者の活動に注目し、彼らの伝記を研究して、その翻訳を進めた。また、チベット仏教寺院の僧侶たちによる政治活動や、彼らとモンゴル・満州などの外国勢力との関係について論じることは、専門家たちが得意とするところとなった。このように目に見える、華やかなチベットの仏教文化も、一九六〇年代から七〇年代まで続いた文化大革命期には、迫害と破壊の犠牲になった。しかし、チベットのラマたちはその後、彼らの宗教伝統を復興させるべく、諸外国、特に欧米諸国で活発な活動を続けてきた。その結果、学術機関のみならず、布教や実践を目的としたセンターが、欧米各地に創設されるに至ったのである。

だが、このように「目に見える」宗教伝統だけが、チベット人の宗教生活を代表しているわけではない。チベットでは、巨大な僧院や大規模な宗教共同体とは別に、隠された精神伝統が脈々と受け継がれてきた。そうした精神伝統の中で生きる人びとは、世俗の喧噪を離れ、人が多く集まる僧院から遠く離れたところに身を置き、隠棲《いんせい》修行者として暮らしていた。彼らは山々の洞窟に住み、動物たちに囲まれて生活することを好んだ。彼らは、短期間、形式的に隠棲修行をして、その後は社会生活に復帰するのではなく、一生の間世俗を離れて暮らした。チベットの隠棲修行者としては、一一世紀の苦行詩聖ミラレパや、一九世紀の遊行僧シャブカルワなどがよく知られているが、その他の隠棲修行者についてはほとんど知られておらず、また彼らがどのような交友関係を持っていたかということについても、未だ謎に包まれたままである。

隠棲修行者という生き方は、僧院その他の宗教共同体に対するアンチテーゼでもある。隠棲修行の伝統は仏教にも存在するが、ボン教は特にこの伝統を重視する傾向が強く、その傾向は一一世紀頃から顕著になった。しかし、チベットの宗教文化を紹介する書物の中で、隠棲修行者たちの宗教生活について言及がなされることは、ごく稀《まれ》である。つまり、彼らがどのような経緯で隠棲修行者になったのか、また、どのような教説をいかに伝承していったのかということについては、これまでほとんど研究されてこなかったのである。こうした状況に鑑《かんが》み、私は、今日まで数世紀にわたって受け継がれてきた、ある教えの系譜に連なる導師たちの伝記を取り上げ、彼らの宗教生活について研究を行えば、それは隠棲修行者たちの人生を解明する一つの手掛かりになるだろうと考えるようになった。とはいえ、本研究は先述の二枚のタンカが依り所とする文献を明らかにしたいという、私の個人的な関心に端を発するものであり、厳密な意味での文献学研究を目指すものではない。ここではまず、いくつかの文献を参照しながら、二枚のタンカが描かれた背景について見ておくことにしたい。

『シャンシュン・ニェンギュ』

その教えは『シャンシュン・ニェンギュ』（シャンシュンの聴聞相続、略号：ZhNy）という書物に記されている。それはボン教独自の瞑想に関する教えであり、ゾクチェン（大いなる完成）と呼ばれる哲学とも深く関係している。後述するように、この教えを相承したとされる初期の何人かの導師たちは、シャンシュン国の出身者であったと信じられている。この教えは当初、専ら口伝によって受け継がれていたが、やがて文字によって書き記されるようになった。そして時代が下ると、それらの文書が一つに纏《まと》められ、『シャンシュン・ニェンギュ』として集成された。

この教えの基礎を成しているのは、心の自然な光明という概念である。この概念はボン教のみならず、チベット仏教の教義、特にゾクチェンの教義において重要な位置を占めている。心の自然な光明という概念は、様々な宗派の教義や思想の中に伏在しており、般若経典のように古い時代に成立した仏教聖典の中にも見出すことができる。[1]

ゾクチェンの教義では、心は光明であると説かれ、それは虹の身体（'ja' lus）と呼ばれる成就のあり方とも結びついている。また心の自然な光明という概念は、密教の教義、例えば『ナーローパ六法』に説かれる幻身（sgyu lus）や『五次第』に説かれる光身（'od lus）などとも関連している。

虹の身体という成就のあり方と仏教思想との間には明らかな関連性が認められる。だがチベット人の中でゾクチェン思想に批判的な態度を取る人々は、虹の身体[2]という概念はチベットで生まれたものであり、それはチベットの神話に起源を持つと主張している。チベットの古い神話によれば、古代チベット王たちは天界に帰還する際、光の中に溶け込んだとされる。[3]

いずれにせよ、光はゾクチェン思想において重要な意味を持っている。ゾクチェンの教義によれば、現象世界は心に由来する五つの光によって創り出されたものであり、その意味において心は現象世界の創造主である。また悟りとは、精神の修練を通じて実現される、心そのものの体験に他ならない。ゾクチェンによれば、心そのものを体験するためには、弟子は師と面会し、規定された適切な状況のもとで、師から直接口伝を受けなければならない。だが、そうした条件が揃えば、この人生のうちに悟りを得ることは可能だとされる。ボン教の他の聖典や、仏教の経典の中には、悟りを得るためには、厳しい修行を続けながら無数の転生を繰り返さなければならないと説くものが少なくないが、そうした教説についてはあまり気にする必要はないと『シャンシュン・ニェンギュ』は仄《ほの》めかしている。これが求道者たちに向けた『シャンシュン・ニェンギュ』の提案である。

シャンシュン国

『シャンシュン・ニェンギュ』という書名からも分かるように、ボン教徒たちはこの教説の起源をシャンシュン国に求めている。シャンシュン国は七世紀初頭までは独立国であったが、六四〇年頃にチベットに併合された。シャンシュン国がチベットへ併合された時代、チベットはソンツェン・ガンポ王（六四九年没）によって統治されていた。『シャンシュン・ニェンギュ』所収の文献には、シャンシュン国がチベットに併合されたのは、ティソン・デツェン王（七四二－七九七）の時代だったと記すものもある。[4] この記述は古い伝承を反映したものと思われるが、敦煌《とんこう》文献中の記録とは異なっている。

シャンシュン国の領土は、現在の西チベットと北部高原の一部にまで及んでいたが、併合後はチベットと同化し、今では文献の中にその名をとどめるのみとなっている。シャンシュン国の首都はキュンルン・グルカルであり、それはティセ(カイラス)山の西部に位置していた。キュンルン・グルカルは、ソンツェン・ガンポ王の妹セーマルカルが、シャンシュン国王リクミヒャとの不幸な政略結婚を受け入れた土地として知られている。彼女の悲しくも抒情的な詩は、千年の時を超え、今も敦煌文献の中に保存されている。[5]

ボン教徒にとってシャンシュン国は聖地である。この国の中央にはティセ山が聳《そび》え、ティセ山の前にはマパン(マーナサローワル)湖が広がっている。シャンシュン国は世界の中心であり、アジアの四つの大河――ツァンポ川(ブラマプトラ川の上流)、インダス川、サトレジ川、カルナリ川――は、この土地を水源としている。ヒンドゥー教徒もティセ山を世界の中心と見なしており、特にシヴァ派の人々はこの山を神聖視している。またティセ山は、チベット仏教の苦行詩聖ミラレパとボン教徒ナーロー・ボンチュンとが神通力《じんずうりき》を競い合った場所としても知られている。この伝説は、チベット人に人気のある口承説話の一つであったが、後に仏教文献の中にも記されるようになった。

シャンシュン国が実在したとすれば、その国民が使用していた言語が問題となる。シャンシュン語については現在、シャンシュン文字で書かれたと推測される数点の古文書が残っているが、[6]未だ解読はされていない。にもかかわらず、ボン教徒たちは、ボン教聖典のほとんどは、元々はシャンシュン語で書かれ、そのあとでチベット語に翻訳されたと考えている。実際、ボン教聖典の多くは、シャンシュン語と思われるいくつかの単語から始まっており、チベット語とシャンシュン語が並記された長文のテキストも残っている。[7] また、チベット語で書かれたボン教の儀軌書《ぎきしょ》の中には、シャンシュン語由来と思われる術語を多く含むものもある。[8] しかし今のところ、この問題を取り上げた言語学者は皆無であり、チベット学者の論文も僅かな数にとどまっている。シャンシュン語の文語が本当に存在したかどうかについては、未だ意見の一致を見ていない。[9]

口承伝統

多くの宗教的教説と同様に、シャンシュン・ニェンギュの教えもはじめは口伝によって継承されていた。そしてそれらの口伝はやがて、シャンシュン出身のギェルプンという人物のもとに集められた。それゆえギェルプンは、シャンシュン・ニェンギュのすべての教説の受持者と見なされている。その後、彼はその教えを弟子たちに口頭で伝えた。『シャンシュン・ニェンギュ』の史録によれば、ギェルプンはソンツェン・ガンポ王に倒されたシャンシュン国の王リクミヒャの宗教上の師であったという。これに従えばギェルプンは七世紀頃の人物ということになるが、敦煌文献を含め、古い時代に成立した他の史料に、ギェルプンの名は見られない。敦煌文献には、チベットで起きた宗教関連の出来事や、古代チベット王たちの宗教的な事績に関する記述が、ほとんど記録されていないのである。

ギェルプンのもとには四系統の口伝が集まったとされる。またそれとは別に、ギェルプンは幻視を通して三度、「タピ・フリツァ（タピリツァ）」[10] という不思議な人物に会い、シャンシュン・ニェンギュの全教説の口伝を受けたとも伝えられる。タピ・フリツァはギェルプンよりも数世代前の人物であり、シャンシュン・ニェンギュの相承譜にも名を連ねている。[11]

タピ・フリツァは、シャンシュン・ニェンギュに説かれる究極の境地に達したことにより、光の様態にとどまり、時空を超えて存在することができるようになったと信じられている。伝説によれば、ギェルプンが幻視の中でタピに会ったとき、タピは小さな少年であり、その身体は透き通り、光を放っていたという。そのため、タピはウーキ・ケゥチュン、即ち〝光の少年〟と呼ばれるようになった。後に見るタンカでは、タピは瞑想にふける白い裸形で描かれている（本書三一頁のキャプションⅠ・34）。〝光の少年〟から口伝を受けた後、ギェルプンは、その口伝には四つの主題が隠されていることを知った。これを「言葉の相続の四法類」（*KG*）と呼ぶ。

1　見解の概要（lTa ba spyi gcod）
2　直接の口訣（Man ngag dmar khrid）
3　明知の裸のヴィジョン（Rig pa gcer mthong）
4　真如の完全なる実現（gNas lugs phug gcod）

これら四つの主題は個別の文献名ではなく、『シャンシュン・ニェンギュ』に収録されている特定の文献群に対する呼称となった。[12]

『シャンシュン・ニェンギュ』には多くの文献が収められているが、その基本となる文献はいずれも著者不明である。また基本文献の奥付には、ギェルプンが〝光の少年〟から口伝を授かった経緯が三人称で叙述されている。このことから、これらの基本文献がギェルプン以外の人物によって書かれたものであることが分かる。ギェルプン自身が口伝を記録することがあったかどうかについては、古い資料をいくら検討しても、確かな証拠を見つけ出すことができない。

神秘的な教えの起源は、しばしば伝説上の人物に求められる。ギェルプンの生誕地や両親の名前、その事績についてはいくつかの伝承が残っているが、それでもなお、ギェルプンは伝説上の人物だったのではないか、という印象を拭い去ることができない。いずれにしても、シャンシュン・ニェンギュの口承伝統が相当長い間続いたということ、そして、その初源に辿り着くためには、歴史の深い霧を果てしなく遡らなければならないことは確かである。また、この口承伝統においては、導師と弟子が実際に接触することが重視されている。この接触を契機として、師と弟子の間に親密な関係が形成されていく。そして、両者の間に密接な関係性が構築されたとき、初めて師は弟子に、自分の師から聞いたことや、自分が修行中に体験した出来事などについて語り聞かせることができるようになる。ただ教典を読んでいるだけでは、このような体験をすることはできない。また、シャンシュン・ニェンギュの口承伝統においては、独一相続(chig brgyud)ということが重視されてきた。つまり導師はその生涯において、教えを一人の弟子だけに伝授し、他の者には漏らさないということである。ギェルプンの伝記には、ギェルプンが師に向かって「私はこの教えを誰かに伝授するべきでしょうか」と尋ねる場面がある。そのとき、師は「教えを授けるに値する人物であれば、一〇〇人に伝えてもかまわない」と答えたという。その後、ギェルプンは教えの継承者を探したが、彼が見出したのは七三歳の老人だけだった。ギェルプンは、自身がヴィジョンを通じて〝光の少年〟から受け取った教えを〝授けるに値する〟人物は、その老人をおいて他にいないと判断したので

図 I

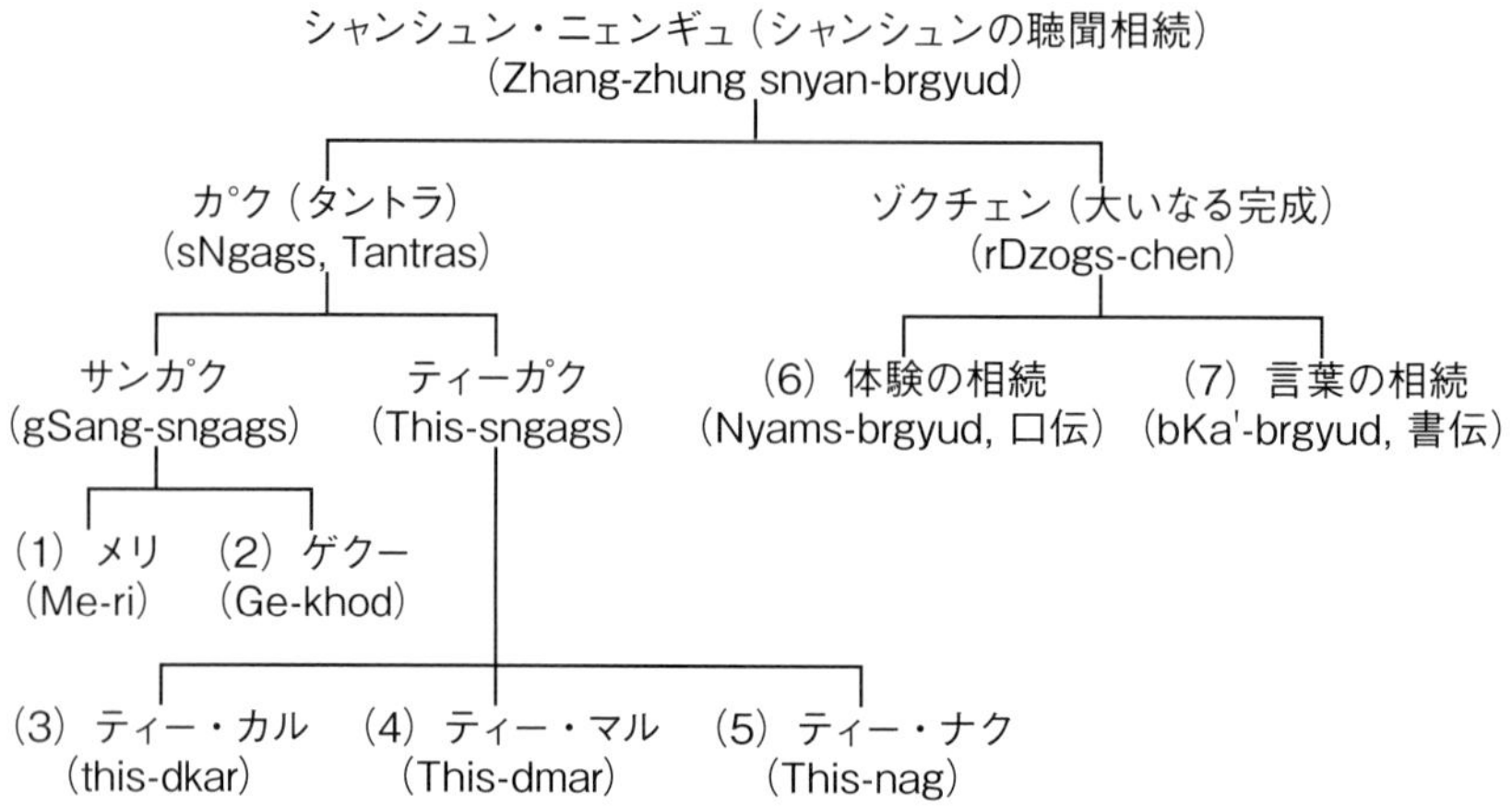

（1）守護尊メリに関連する儀軌群。文献目録については Karmay S. G. 1977（No 35）を参照。
（2）守護尊ゲクーに関連する儀軌群。文献目録については Karmay S. G. 1977（No. 36）を参照。
（3-5）これらの儀軌群については詳細不明。
（6）“体験の相続”については、その口伝を書き記したものとされる文書がいくつか存在する。*KM* 参照〔*KM* については本書 237 頁の参考文献を参照〕。
（7）“言葉の相続”の教典は『シャンシュン・ニェンギュ』に収められている。*ZhNy*、および Karmay S. G. 1977（No. 50）参照。

ある。

『シャンシュン・ニェンギュ』の教えは、平易な言葉で、率直かつ直截的に語られているという印象を受ける。この教説は、少なくとも初期の段階においては、すべて口頭で伝承されていた。そのため『シャンシュン・ニェンギュ』所収の基本文献は口語的な慣用表現を多く含み、文章も比較的短いが、要を得たものが多い。また、複雑な教理や哲学的な問題を簡明に論じるその手法は、それ自体が一つの偉大な達成である。こうした手法のおかげで、『シャンシュン・ニェンギュ』の教えに従う人びとは幸いにも、チベットの他の宗教文献によく見られるような衒学《げんがく》的な装飾から逃れることができたのである。

ギェルプン以後の重要人物

シャンシュン・ニェンギュの相伝の系譜においてギェルプンの次に重要になるのが、プンチェン・ツェンポ（本書三二頁のキャプションI・41）である。シャンシュン・ニェンギュには本来、二つのヴァージョンが存在していた。一つは口伝のみで受け継がれてきたもので、これを〝体験の相続〟[13]（*NyG*）という。もう一つは、文字で書き記されて伝えられたもので、これは〝言葉の相続〟（*KG*）と呼ばれる。後者は、タピ・フリツァがギェルプンに説いた教えに由来している。

伝説によれば、プンチェン・ツェンポの前の世代までは、教えを一人の弟子だけに伝授する独一相続（chig brgyud）の伝統が厳しく守られていた。しかし、プンチェン・ツェンポはシャンシュン・ニェンギュの教えを二人の弟子、すなわち〝言葉の相続〟をグゲ・シェーラプ・ロデ（キャプションI・42）に、〝体験の相続〟をプンチェン・ルンドゥプ・ムトゥル（キャプションI・67）に伝えたとされる。これにより相伝の系譜はいったん二つの系統に分岐した。その後、〝言葉の相続〟は〝上の流儀〟（stod lugs）、〝体験の相続〟は〝下の流儀〟（smad lugs）と呼ばれるようになった。そして時を経て、二つの教えの系統は再び、ヤントゥン・チェンポ（キャプションI・48）のもとで合流した（図II参照）。

ヤントゥン・チェンポに先行する人物については、そのほとんどが生没年不詳である。彼らの大部分は瑜伽《ゆが》行者のなりをして、秘密主義の生活を送り、口伝の伝統を重視していたので、その生涯が記録される

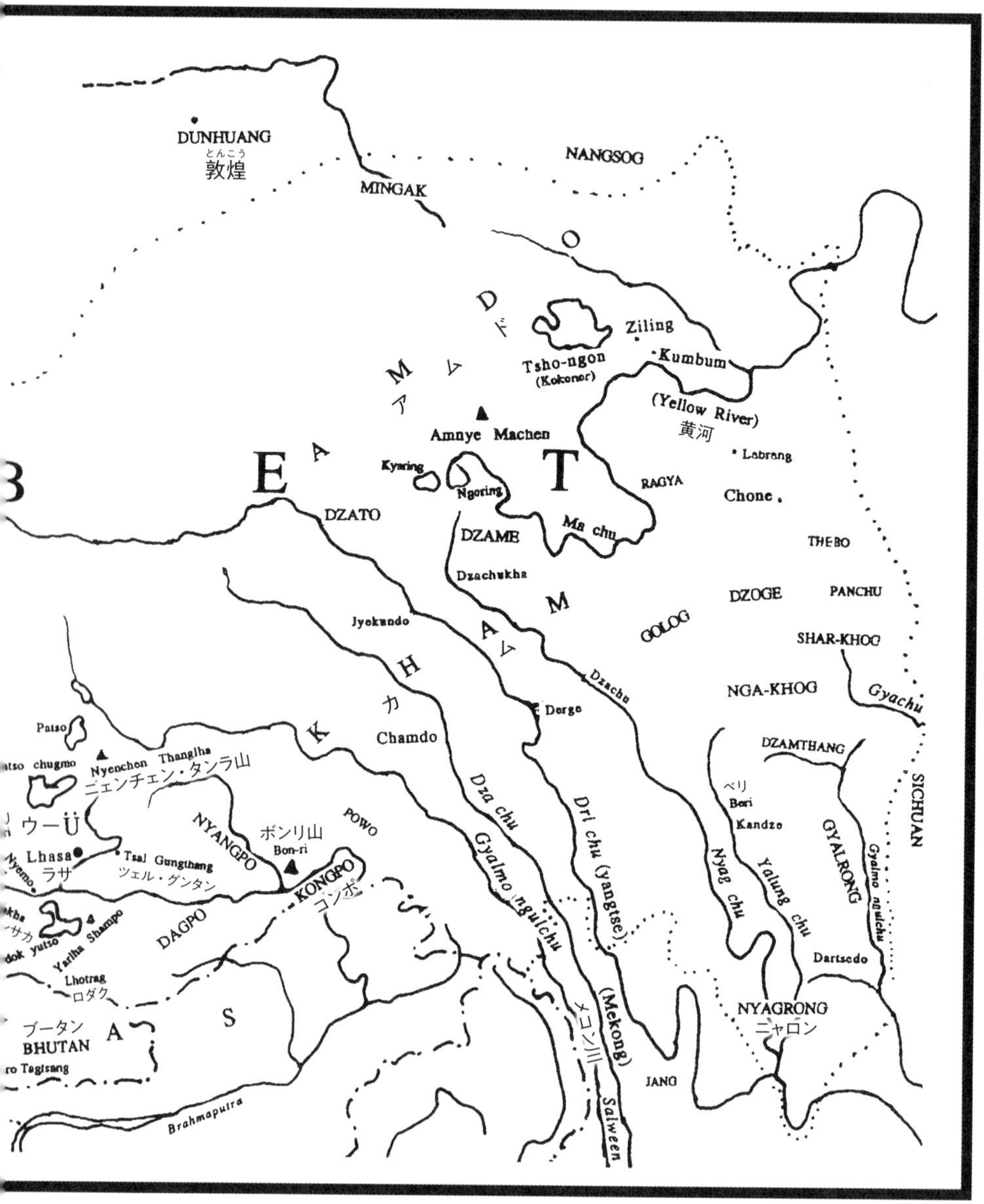
DUNHUANG
敦煌《とんこう》
NANGSOG
MINGAK
A
M
D
O
アムド
Tsho-ngon
(Kokonor)
Ziling
Kumbum
(Yellow River)
黄河
Amnye Machen
Labrang
Kyaring
Ngoring
E
T
RAGYA
Chone
DZATO
DZAME
Ma chu
THEBO
Dzachukha
DZOGE
PANCHU
Jyekundo
GOLOG
SHAR-KHOG
K
H
A
M
カムレ
Dzachu
NGA-KHOG
Gyachu
Derge
Patso
Chamdo
DZAMTHANG
Nyenchen Thanglha
ニェンチェン・タンラ山
ベリ
Beri
Kandze
SICHUAN
NYANGPO
POWO
Dza chu
Drl chu (yangtse)
ウー Ü
ボンリ山
Bon-ri
Lhasa
ラサ
Tsal Gungthang
ツェル・グンタン
KONGPO
コンポ
Gyalmo ngulchu
Nyag chu
Yalung chu
GYALRONG
Gyalmo ngulchu
DAGPO
Yarlha Shampo
Lhotrag
ロダク
Dartsedo
(Mekong)
メコン川
NYAGRONG
ニャロン
ブータン
BHUTAN
A
S
JANG
Salween
Brahmaputra

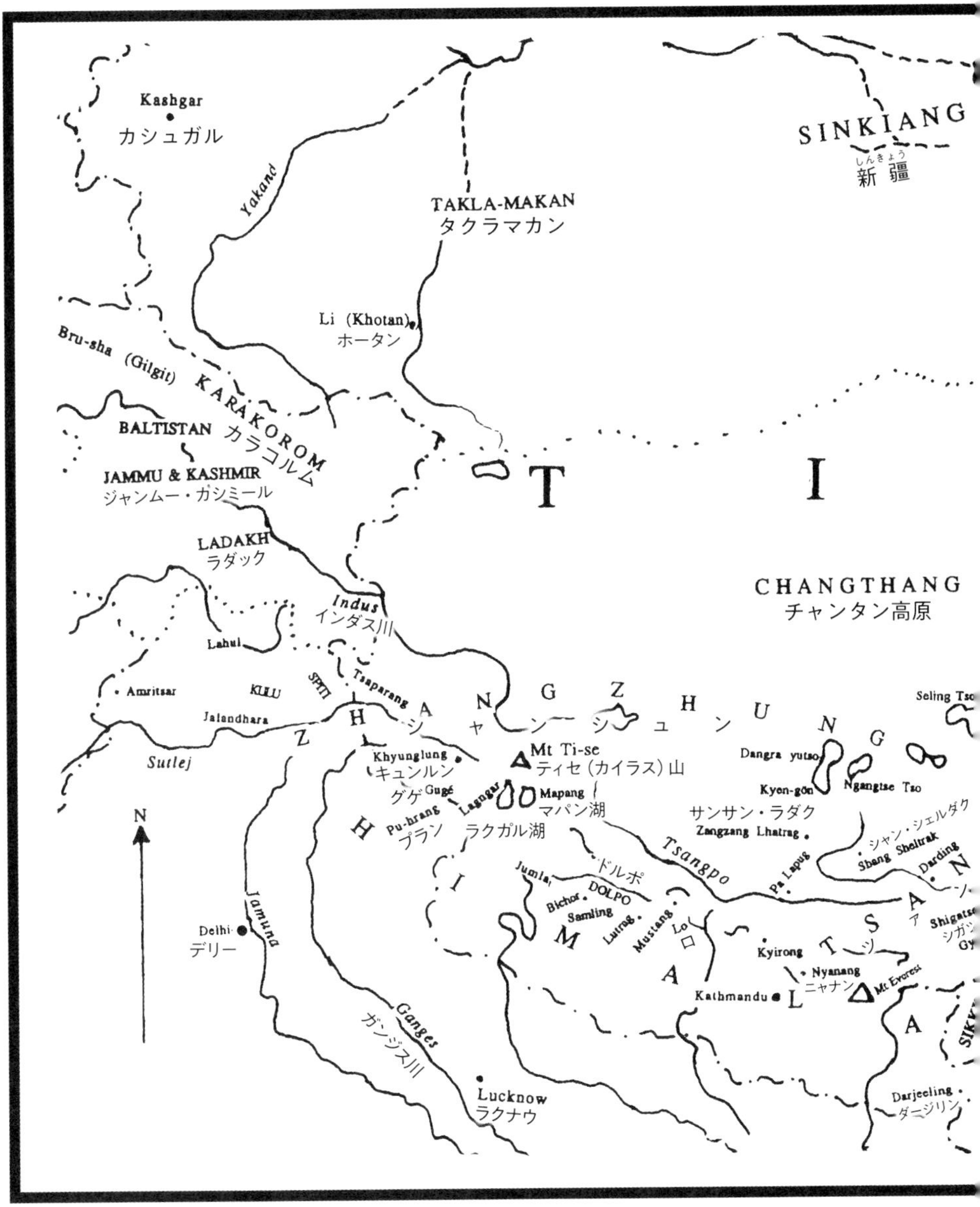
Kashgar
カシュガル
Yakand
TAKLA-MAKAN
タクラマカン
SINKIANG
新疆《しんきょう》
Li (Khotan)
ホータン
Bru-sha (Gilgit)
KARAKOROM
カラコルム
BALTISTAN
JAMMU & KASHMIR
ジャンムー・カシミール
T I
LADAKH
ラダック
CHANGTHANG
チャンタン高原
Indus
インダス川
Lahul
Amritsar
KULU
SPITI
Tsaparang
Jalandhara
Sutlej
ZHANG ZHUNG
シャンシュン
Mt Ti-se
ティセ（カイラス）山
Khyunglung
キュンルン
Guge
グゲ
Pu-hrang
プラン
Lagngar
ラクガル湖
Mapang
マパン湖
Seling Tso
Dangra yutso
Kyen-gön
Ngangtse Tso
サンサン・ラダク
Zangzang Lhatrag
シャン・シェルダク
Shang Sheltrak
Darding
N
Tsangpo
Pa Lapug
ドルポ
DOLPO
Jumla
Bichor
Samling
Lutrag
Mustang
Lo
ロ
HIMALAYA
Kyirong
Nyanang
ニャナン
Mt Everest
Kathmandu
Shigatse
シガツェ
N
Delhi
デリー
Jamuna
Ganges
ガンジス川
Lucknow
ラクナウ
Darjeeling
ダージリン
SIKKIM

ことは稀であった。ヤントゥン・チェンポの正確な生没年も不明だが、彼はバリ・ロツァワ（生年一〇四〇年）のもとで仏教を学んだとされることから、その活動は一一世紀の第四四半期に開始されたと考えてよいだろう。ヤントゥン・チェンポの家名はヤガ゚ルであり、これが後にヤンと略称された。ヤントゥンとは〝ヤンの導師《トゥン》〟という意味である。後に見るように、彼はシャンシュン・ニェンギュの成立史を検討するうえで極めて重要な人物である。

ヤントゥン・チェンポの家系は当初、中央チベット・ツァン地方のタクツェ・チャリを拠点としていたが、後にいくつかの家系に分岐し、彼の家族はドルポ地方（現在のネパール北西部）に定住するようになった。ヤントゥン・チェンポは俗人であり、生涯に三人の妻を持った。三人目の妻との間には、息子が二人と娘が一人いた。そのためタンカの中で彼は、在家タントラ行者の姿で描かれている（キャプションI・48）。二人の息子は彼の高弟になり（キャプションI・57、58）、娘は尼僧になった。

後世、ヤントゥン・チェンポの邸宅のそばに、彼の末裔にあたるヤントゥン・ギャルツェン・リンチェンが小さな寺を建てた。ヤントゥン・ギャルツェン・リンチェンは、後に見るドゥ・ギャルワ（一二四二―一二九〇）と同時期に活躍した人物である。その小さな寺はデデン・サムテンリン寺、略してサムリン寺と呼ばれた。[14] サムリン寺はヤガ゚ル家の歴代当主たちによって支えられ、その図書館は豊富な蔵書量を誇った。サムリン寺の図書館は、一九五九年のチベット動乱以後、インドに亡命したチベット人たちがボン教典籍の出版活動を開始した際、極めて重要な情報源となった。

一七八八年と一七八九年に起きたチベット軍とグルカ兵の軍事衝突の後、ドルポ地方はネパール領となった。そして一九五六年、スネルグローヴ教授はドルポの地を訪れた。[15] 彼はこの未知の土地を発見した

※ガ゚・グ゚・ゲ゚の読み方についてはp.6の凡例を参照。

最初の西洋人であった。スネルグローヴはドルポに滞在中、サムリン寺の図書館で古文書の調査を行い、そこでいくつかの文献を入手した。その中には『シャンシュン・ニェンギュ』の美しい写本も含まれていた。私の同僚ペル・クヴェルネは後に、その写本とボン教の聖典目録に掲載されている文献群との関係について研究を行った。[16] スネルグローヴが持ち帰った『シャンシュン・ニェンギュ』の写本は、西洋世界に存在する唯一の写本となり、現在は大英図書館に収蔵されている。チベットでは『シャンシュン・ニェンギュ』は常に写本の形で存在していたが、一九五〇年代に入るとツァン地方のメンリ寺で木版印刷が開始され、一九六八年にはインドのデリーでその複製本が出版されるに至った。

〝体験の相続〟の口伝を初めて書き記したのは、ヤントゥン・チェンポであったとされる。ヤントゥン・チェンポは、それまで専ら口伝によって継承されていたこの教えを、彼の二人の師のうちの一人、オルゴム・クンドゥルの許可と助力を得て、文字に起こした。ヤントゥン・チェンポが記録した文書は、次の二つのタイプに分けることができる。一つは、教理の要点に関する導師たちの短い教えや講話を羅列するタイプのもので、[17] もう一つは、〝帽子の如き教え〟、〝衣服の如き教え〟、〝ベルトの如き教え〟、〝靴の如き教え〟、〝身体の如き教え〟、〝目の如き教え〟、〝心臓の如き教え〟といった題名を持つタイプのものである。[18] ヤントゥン・チェンポが記録した文書には口語表現や慣用的な表現が多く含まれていることから、これらの文書が口頭で示された情報をそのまま筆記したものであることが分かる。これに対し、『シャンシュン・ニェンギュ』に収録されている〝言葉の相続〟の教えは、より格式張ったスタイルで書かれている。ヤントゥン・チェンポは、シャンシュン・ニェンギュの教えを複数の弟子に伝え、〝体験の相続〟の口伝を書き記すことによって、それまでの伝統と決別した。そしてヤントゥン・チェンポの後、法統は再び〝北の相続〟(byang

図II　シャンシュン・ニェンギュの相承系図

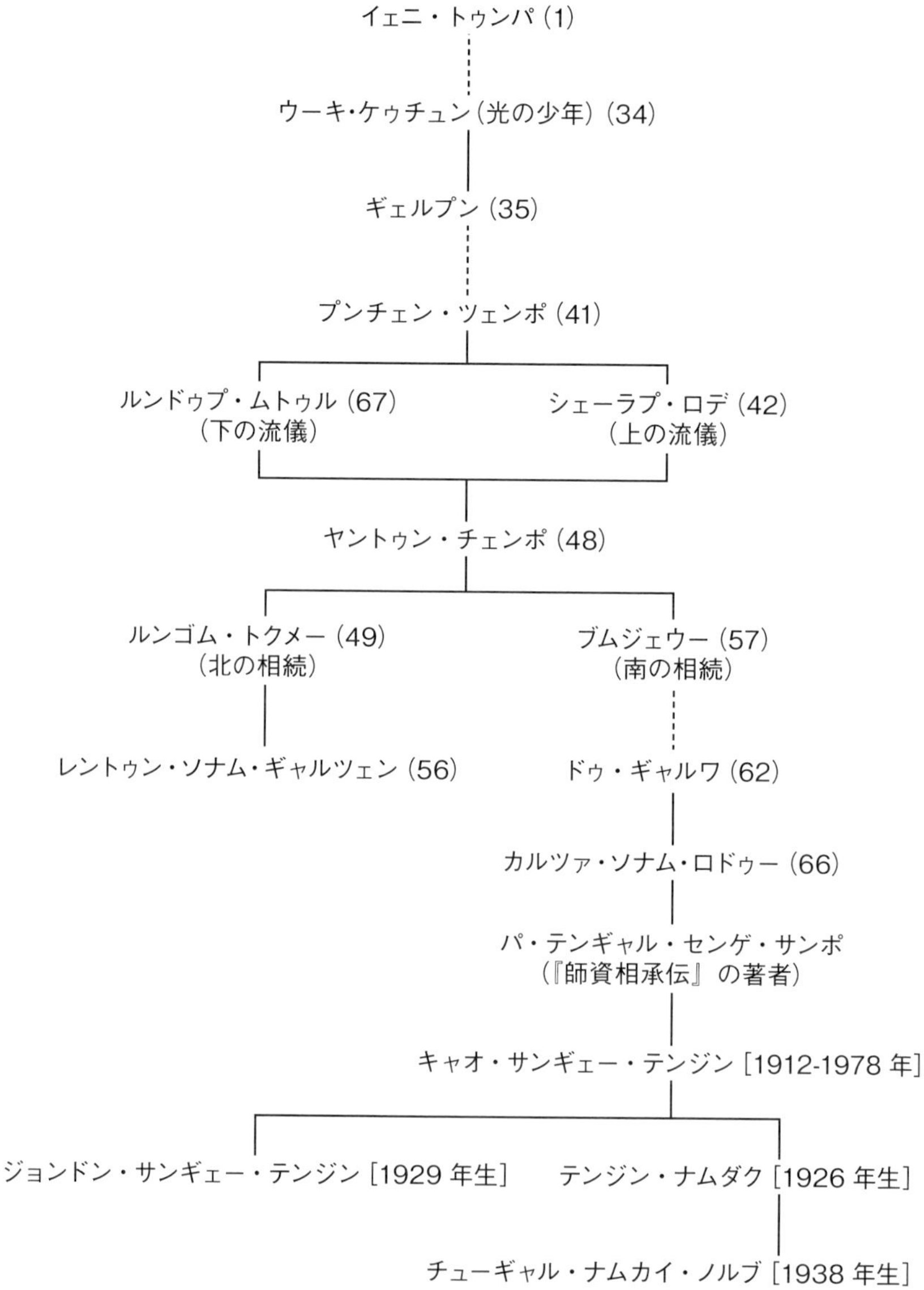
イェニ・トゥンパ (1)
ウーキ・ケゥチュン（光の少年）(34)
ギェルプン (35)
プンチェン・ツェンポ (41)
ルンドゥプ・ムトゥル (67)
（下の流儀）
シェーラプ・ロデ (42)
（上の流儀）
ヤントゥン・チェンポ (48)
ルンゴム・トクメー (49)
（北の相続）
ブムジェウー (57)
（南の相続）
レントゥン・ソナム・ギャルツェン (56)
ドゥ・ギャルワ (62)
カルツァ・ソナム・ロドゥー (66)
パ・テンギャル・センゲ・サンポ
（『師資相承伝』の著者）
キャオ・サンギェー・テンジン [1912-1978 年]
ジョンドン・サンギェー・テンジン [1929 年生]
テンジン・ナムダク [1926 年生]
チューギャル・ナムカイ・ノルブ [1938 年生]

brgyud）と〝南の相続〟（lho brgyud）とに分岐した。法統が分岐した後は、〝体験の相続〟と〝言葉の相続〟という区別は、次第に意識されなくなっていった。

法統の分岐後、〝南の相続〟のほうが〝北の相続〟よりも広く知られるようになった。〝南の相続〟の相承に連なる人物の中で最も偉大な注釈者は、ドゥ・ギャルワ・ユンドゥン（一二四二—九〇、キャプションⅠ・62）である。後に見るドゥ・ギャルワ・ユンドゥンの伝記では、シャンシュン・ニェンギュの相承者としての彼の事績に焦点が当てられているが、[19]彼は他にも多くの功績を残している。ドゥ・ギャルワ・ユンドゥンは、チベットのツァン地方、シガツェ東部のトプギャルに拠点を置くドゥ家出身の人物であり、隠棲修行に入る前はボン教の名刹ウェンサカ寺の管長を務めていた。ウェンサカ寺は一〇七〇年にドゥ家出身者によって創建され、以後、ドゥ家の人物が管長の任に当たっていた。ドゥ・ギャルワ・ユンドゥンは、シャンシュン・ニェンギュに関する浩瀚《こうかん》な書物を著し、その中には彼以前の相承者の略伝も含まれている。また彼はアティ（A khrid）と呼ばれる瞑想体系に関する著作でも知られている。[20]

第一部　タンカI

タンカⅠ

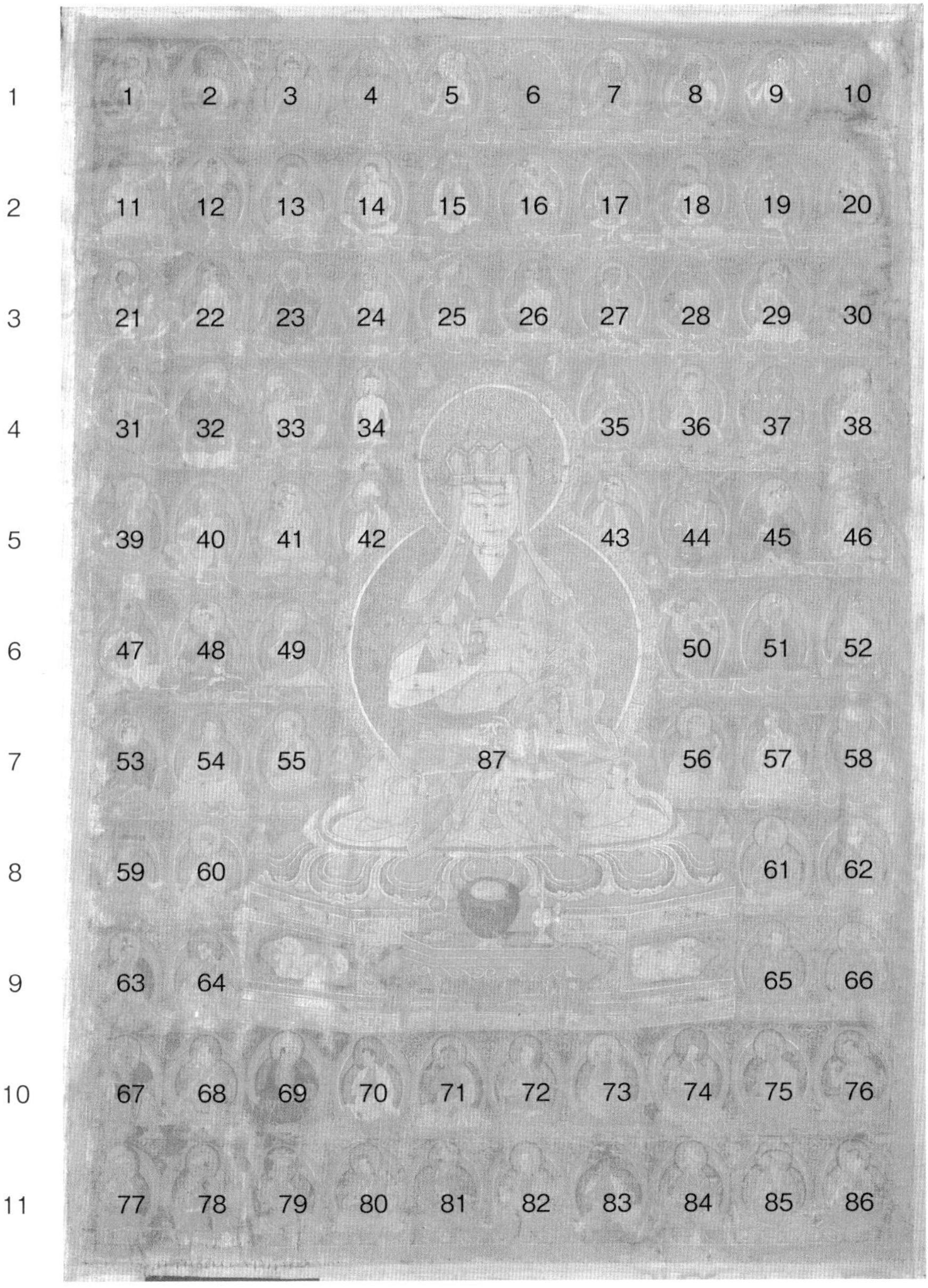
1 1 2 3 4 5 6 7 8 9 10
2 11 12 13 14 15 16 17 18 19 20
3 21 22 23 24 25 26 27 28 29 30
4 31 32 33 34 35 36 37 38
5 39 40 41 42 43 44 45 46
6 47 48 49 50 51 52
7 53 54 55 87 56 57 58
8 59 60 61 62
9 63 64 65 66
10 67 68 69 70 71 72 73 74 75 76
11 77 78 79 80 81 82 83 84 85 86

キャプションⅠ

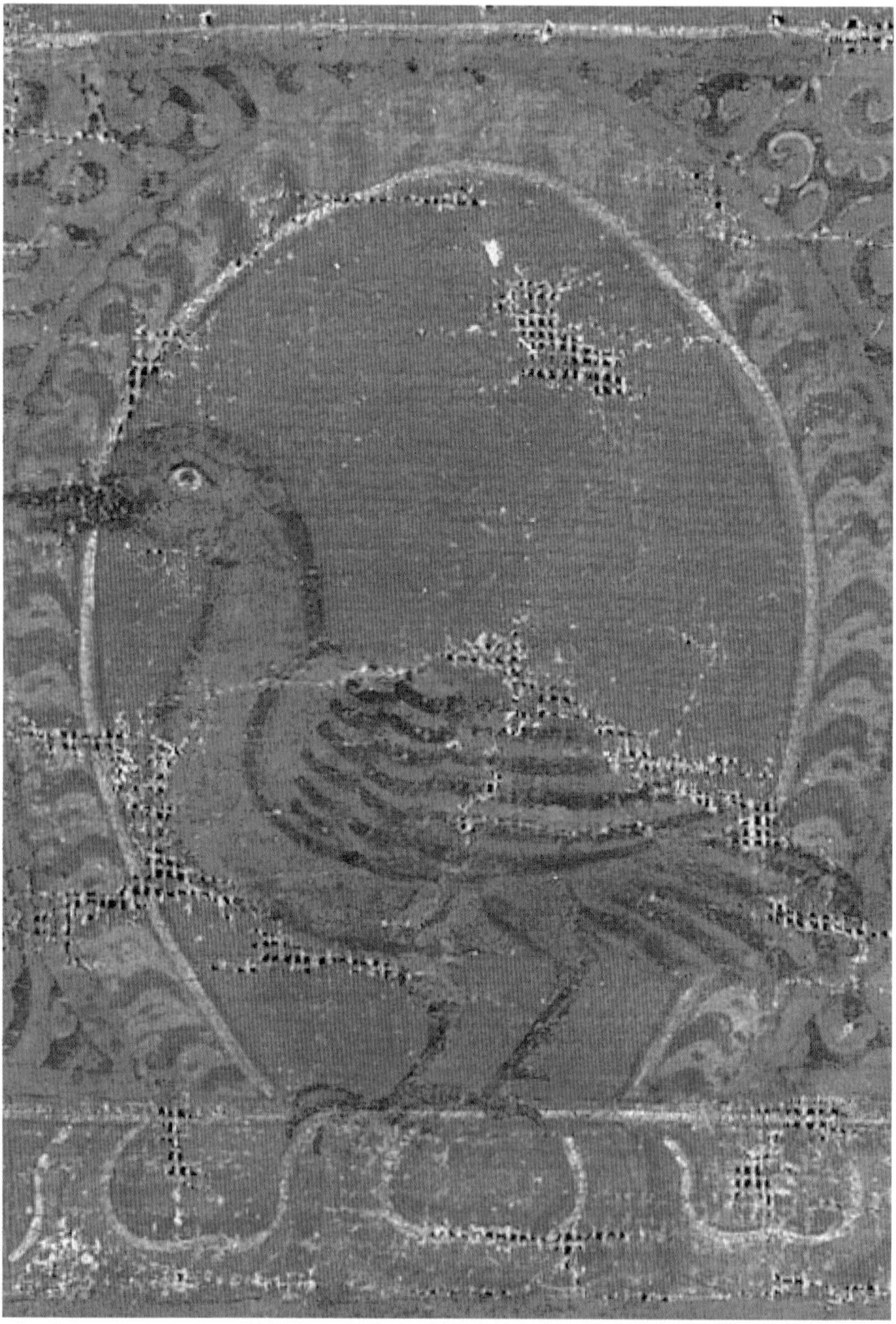

キャプションⅠ・6

キャプションⅠ・34

シャンシュン・ニェンギュの相承者たち

まず一枚目のタンカ（タンカⅠ）を見ることにしよう。このタンカはドイツの個人コレクターが所蔵するものである。図像のスタイルや色合いなどから判断して、一五世紀頃のものと推定される。制作年、制作地、制作者名の記載はない。

文字については、作品を聖別するための真言《しんごん》がタンカの裏面に記入されているだけで、他には何も記されていない。

このタンカには、中央に座す人物と、単なる飾りのようにも見える小さな八人の人物を含めて、全部で九五名の人物が描かれている。中央に座す人物は特定の人物でなく、このタンカと向き合う個々人の師を表している。それ以外の人物は、シャンシュン・ニェンギュの口伝を相承した導師たちである。最上段から九段目までの全身が確認できる人物、即ちキャプションⅠの1から71までの人物については特定することができるが、残りの一五名については未だ確信が持てない。一人の導師が複数の法統を相承したとされることも、人物の同定を困難にする要因の一つになっている。またこのタンカでは、シャンシュン・ニェンギュの口伝を相承した導師たちの姿が、左から右へと時系列に描かれているわけではない。そのため、このタンカに描かれている人物を同定するためには、導師たちの伝記に当たり、まず各人物の特徴を把握しなければならない。例えば、瑜伽行者であったのか、在家タントラ行者であったのか、僧侶だったのか、俗人だったのか、などである。だが、伝記の記述が常に図像に反映されているとも限らない。

ところで、このタンカで最初に目を惹くのは、最上段の中央に描かれた左向きのカッコウである（キャプションI・6）。このカッコウは、タンカIの趣意を探るうえで重要な手掛かりとなる。なぜならシャンシュン・ニエンギュの六番目の相承者は、バルナン・クユク、即ち〝天空のカッコウ〟と呼ばれる人物であったからである。このことから、タンカIの最上段に描かれる人物（キャプションI・1〜9）が〝密意相続〟（dgongs brgyud）の相承者たちであることが分かる。密意相続とは、聴聞相続（snyan brgyud）のように言葉によって伝えられた教えではなく、言葉を介さずに伝えられた教え、あるいはその相承の伝統のことである。カッコウは、言語を介さずに、思考によって教えを相伝した導師たちを象徴している。ボン教におけるカッコウの聖性についてはすでに別稿で論じたが、[1] カッコウはボン教のゾクチェンと関係があるだけでなく、様々なものの暗喩として、かなり古い時代に成立した文献の中にも登場する。私が敦煌文献の中から発見した初期ゾクチェン文献『明知のカッコウ』（*Rig pa'i khu byug*）もその一例であり、この文献の成立は少なくとも九世紀まで遡る。[2]

このタンカのもう一つの特徴は、上から四段目の左から四番目に描かれている人物（キャプションI・34）である。その白い裸形《らぎょう》から判断して、これがタピ・フリツァであることは間違いない。これだけを見ても、このタンカがシャンシュン・ニエンギュの相伝に関わる導師たちの姿を描いたものであることが分かる。さらに上から六段目の左から二番目の人物（キャプションI・48）の姿に、ヤントゥン・チェンポ[3]の図像学的特徴が認められることで、それは確信へと変わる。先に述べたように、このタンカは複雑で特殊な構造を持っているが、資料をよく検討すると、少なくとも同定することができた人物に関しては、その配置順が『シャンシュン・ニェンギュ』に記される相承系譜や、その他の関連文献の記述と密接に対応していることが分かる。

この他、このタンカの風変わりな特徴として、ダルマ・ブーデ（Dharmabodhi、キャプションI・17）という人物が描かれている点を挙げることができる。この人物の名前には、禅宗の開祖ボーディダルマを彷彿とさせるものがある。またいくつかの文献には、シャンシュン・ニェンギュの相承者の一人として、シャンシュンのガラップという奇妙な名前の人物が挙げられているが、[4] このタンカには描かれていない。この人物をニンマ派のゾクチェンの伝承者ガラップ・ドルジェ[5]と同一視する向きもあるが、確証を欠くため同意できない。

シャンシュン・ニェンギュの相承者に関する伝記はいくつか存在するが、最初に伝記を編んだのはヤントゥン・チェンポであったに違いない。伝承によれば、ヤントゥン・チェンポは広本《こうほん》・中本《ちゅうほん》・略本三種の伝記を著したとされるが、[6] いずれもまだ発見されていない。ヤントゥン・チェンポの後、ドゥ・ギャルワ・ユンドゥン（一二四二―一二九〇）が同様の伝記を著した。その伝記の奥付には、伝記を書くために多くの古い資料を集めたと記されているが、資料の作者については言及がない。[7] この他、おそらくヤガル家のヤンツォ・ペルサンの手に成ると思われる伝記がある。[8] ヤンツォ・ペルサンが著した伝記には、ドゥ・ギャルワ・ユンドゥン以前の導師たちの生涯に関する記述が含まれており、その内容はドゥ・ギャルワ・ユンドゥンが書いたものよりも詳しい。さて、本書が焦点を当てるのは、『師資相承伝』（*Bla ma rgyud pa'i rnam thar*、略号：*BN*）と呼ばれる書物である。この書物は、一四一九年にパ・テンギャル・サンポが編纂し、彼の師カルツァ・ソナム・ロドゥー（キャプションI・66）に献呈したものである。これよりも前、カルツァ・

ソナム・ロドゥーは同様の伝記を書いていたようであり、パ・テンギャル・サンポは『師資相承伝』の奥付の中で、師の著作が重要な資料になったと明言している。[9] また『師資相承伝』には、パ・テンギャル・サンポ自身の生涯に関する短い伝記[10]と、彼の後に続く二人の導師たちの伝記が収められている。前者はパ・テンギャル・サンポの弟子が挿入したものかもしれないが、いずれにせよ、これらの伝記は後世に附加されたものである。[11] パ・テンギャル・サンポに続く二人の導師たちの伝記については、本書では検討の対象としなかった。

パ・テンギャル・サンポは高名な学者であり、歴史家でもあった。彼はボン教の歴史に関する非常に優れた書物を著している。[12] タンカIは、パ・テンギャル・サンポの『師資相承伝』に基づいて描かれた可能性が高い。また、パ・テンギャル・サンポ自身の姿が描かれていないことは、この作品が彼の指揮の下で制作されたことを示唆している。このタンカはおそらく一五世紀前半、『師資相承伝』が完成した一四一九年以後に制作されたのだろう。この推測が正しければ、このタンカは元来、パ家の持ち物であったのかもしれない。パ家はボン教の五つの聖なる家系（ボン教五聖家）の一つに数えられる旧家であり、一五世紀当時は中央チベットのツァン地方南西部に拠点を置いていた。[13]

『師資相承伝』の最も深刻な欠点は、導師たちの生没年が記されていないことである。だが、これはパ・テンギャル・サンポの落ち度ではなく、彼が同書を編纂する際に参照した諸資料の中に生没年の記載がなかったためである。こうした事情は、ドゥ・ギャルワ・ユンドゥンが著した伝記からも窺い知ることができる。

『師資相承伝』には、ギェルプンを含む初期の数人の導師はシャンシュン人であったと記されているが、その他の人物については、彼らが生まれた土地の名前しか記されていない。また、仏教僧の名前も散見されるが、そのほとんどが素性不明である。年代が特定できるのは、ドゥ・ギャルワ・ユンドゥンの生没年（一二四二―一二九〇）と、『師資相承伝』の成立年のみである。『師資相承伝』の奥付には、導師たちの伝記には広本・中本・略本の三種（これらはヤントゥン・チェンポの著作を指すと思われる）が既存し、パ・テンギャル・サンポがそれらを閲覧したということ、また伝記を編纂するにあたり、カルツァ・ソナム・ロドゥーをはじめとする数人の導師たちの指導を仰ぎ、さらに各地で聞き取り調査を行ったこと、そして同書が己亥《つちのとい》（一四一九）年一〇月一九日、パ家の拠点であったリクー・ヤンウェン・デチェンガンの白い宮殿の中で完成したことなどが記されている。[14]

本書では『師資相承伝』の全文を訳出するのではなく、各伝記の要約を示すだけにとどめた。それゆえ本書は『師資相承伝』の全容を明らかにするものではない。文献学者たちの中には、資料をこのように扱うことに対して不満を抱く者もあるだろう。しかし本書の目的は、シャンシュン・ニェンギュの相承の経緯を辿りながら、このタンカに描かれている人物を同定することにあり、文献そのものを研究することではない。『シャンシュン・ニェンギュ』はすでに公刊されている。テキストそのものを検討したければ、本書巻末の参考文献を頼りにすれば、それに辿り着くことは容易である。

『師資相承伝』の奥付の記述から、パ・テンギャル・サンポが複数の伝記に触れていたことは明らかである。しかし、いくら詳しく調べても、相承の経緯が判然としない部分があった。伝記というものは一般に、不完全で、一貫性を欠くものである。パ・テンギャル・サンポが参照した資料の中にも、事績の略述や省略が多く含まれ、また未熟な写字生による誤写や誤謬《ごびゅう》が少なからず紛れ込んでいたのだろう。そこでパ・テンギャル・サンポは、ある方法を採用することにした。それは彼自身が考案したものではなく、また初期の導師たちには適用することができないものだったが、師資相承の系譜を明確に示すためには、かなり役に立つものだった。その方法とは、次のように五つの項目を立て、その枠組みの中で導師たちの生涯を記述することだった。

1. **出自**　教えを相承した人物の名前、出身地、氏族名、両親の名前など。非常に簡潔に記述される。
2. **師との出会い**　師と出会い、教えを受け継ぐに至った経緯。記述の長さはまちまちである。
3. **修行地**　師の教えに基づいて修行に励んだ土地。修行を開始した年齢や修行期間が記されることもある。
4. **一般的な成就**　瞑想修行の成果。超自然的な現象を引き起こす能力なども含まれる。
5. **特別な成就**　師の教えをどの程度理解し、実現することができたか。

これら五項目の枠組みは、初期の神話的な存在、例えば最初の〝九人の賢者たち〟のように、人間と見なされていない存在には適用されない。また当然の傾向として、導師たちの活動時期が『師資相承伝』の成立年代に近づくほど、各項目の記述は長くなる。

タンカⅠに描かれた導師たち——伝記と人物の同定

『師資相承伝』(pp.1 – 13) に最初に登場するのは、人間とは見なされない〝九人の賢者たち〟である。彼らはタンカⅠの最上段の左から右に描かれている (キャプションⅠ・1 – 9)。『師資相承伝』(pp.13 – 20) では次に、〝遠伝《えんでん》〟(ring brgyud) と呼ばれる相承の系譜に連なる導師たちについて説明する。遠伝の系譜には一六人の導師たちが名を連ねている。タンカⅠの一〇段目から一一段目 (キャプションⅠ・72 – 86) に描かれている人物がこれに相当すると思われるが、ここには一五人の姿しか描かれていない。実は一六人の導師たちのうち三人は、〝二四の人〟(gang zag nyer bzhi、キャプションⅠ・10 – 33) と呼ばれる相承者の系譜にも名を連ねており、そのため、これら三人の姿は遠伝の相承者たちよりも前に描かれているのである (キャプションⅠ・29、30、33)。また、導師たちを〝時系列〟に沿って並べるならば、遠伝の一五人の相承者たちはギェルプン (キャプションⅠ・35) よりも前に配置されるべきだが、このタンカでは、口承伝統の中核を成したとされる〝二四の人〟が優先され、彼らの姿が先に描かれている。ただし『師資相承伝』(pp.22 – 26) には〝二四の人〟の名前が列挙されているだけで、彼らの伝記は収録されていない。また『師資相承伝』(pp.38 – 56) には、傍流に属する〝五人の導師たち〟に関する説明がある。彼らはタンカⅠの一〇段目 (キャプションⅠ・67 – 71) に描かれている。

本書では読者の便宜を図るため、まずタンカⅠの最上段に描かれている〝九人の賢者たち〟の名前を挙げ、次に〝二四の人〟の名前を示し、そのあとでタピ・フリツァ（キャプションⅠ・34）の解説を始めることにしたい。タピ・フリツァから六六番目までの人物の配置順は、『師資相承伝』に収録される伝記の順序と一致しており、『師資相承伝』の本篇は六六番目の導師の伝記で終わっている。

本書ではそのあと、〝五人の導師たち〟（キャプションⅠ・67－71）と、遠伝の系譜に連なる導師たち（キャプションⅠ・72－86）について解説を行う。なお、各人物に付された数字はタンカⅠの配置位置を示しており、『師資相承伝』に収録される伝記の順番を示すものではない。

(4)　(5)

(9)

密意相続（dgongs brgyud）の
系譜に連なる“九人の賢者たち”

(1) イェニ・トゥンパ
(2) トゥクジェ・トゥンパ
(3) トゥルペー・トゥンパ
(4) ツェーメー・ウーデン
(5) トゥルシェン・ナンデン
(6) バルナン・クユク
(7) サンサ・リンツゥン
(8) チメー・ツゥクプー
(9) サンワ・ドゥーパ

（1）　（2）　（3）

（6）　（7）　（8）

(17)　(18)　(19)　(20)

(27)　(28)　(29)　(30)

※［　］内に記した数字は、チベット語原典の頁数である。

聴聞相続（snyan brgyud）の系譜に連なる“二四の人”［pp.21‐25］

(10) ラボン・ヨンス・ダクパ
(11) ルボン・バナム
(12) ミボン・ティデ・サンブ
(13) バナム・キョルポ［p.22］
(14) セー・ティショ・ギャルワ
(15) ラサン・サムドゥプ
(16) ダルマ・シェーラプ
(17) ダルマ・ブーデ
(18) シャンシュン・ティペン［p.23］
(19) ムイェ・ラギュン
(20) マシェン・レクサン
(21) ギェルシェン・タクラ
(22) ラサン・ユンドゥンセー［p.24］
(23) ラサン・ユンペン
(24) ゲパル・トゥンドゥプ
(25) ギェルプン・ゲペン
(26) セー・ゲギャル
(27) シャンシュン・ナムギャル
(28) ムギュン・カルポ［p.25］
(29) ホルティ・チェンポ
(30) トゥンクン・ドゥプパ
(31) ラサン・ペンギャル
(32) グリプ・セーガー
(33) ダワ・ギャルツェン

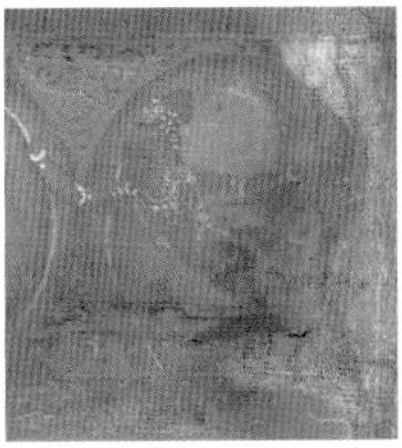

(10)

(11)　(12)　(13)　(14)　(15)　(16)

(21)　(22)　(23)　(24)　(25)　(26)

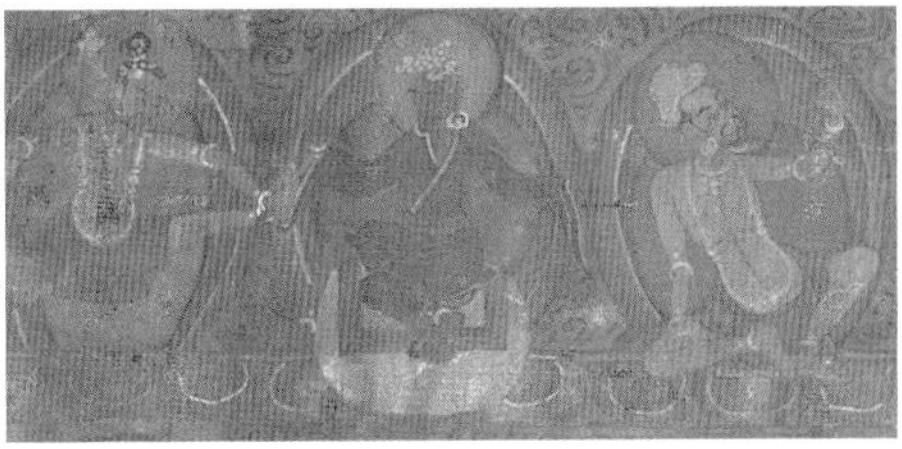

(31)　(32)　(33)

近接相続（nyer brgyud）の系譜に連なる二人の化身

（34）プンチェン・タピ・フリツァ［p.26］

1．出自

父はラサン・ルギャル、母はシェーリクセル。

※［ ］内に記した数字は、チベット語原典の頁数である。

2．師との出会い

プンチェン・タピ・フリツァは父親のもとでボン教を学び、また、ツェプン・ダワ・ギャルツェンのもとでも学んだ。ツェプン・ダワ・ギャルツェンは、〝言葉の相続〟（*KG*）と〝体験の相続〟（*NyG*）の第二四代目の相承者だった。

3．修行地

タクタプ・センゲの岩山で九年間にわたって瞑想修行に励んだ。その間、誰とも会わなかった。

4．一般的な成就

二種の成就を遂げた。プンチェン・タピ・フリツァはこの世を去るとき、地上に遺体を残さなかった。

5．特別な成就

プンチェン・タピ・フリツァは自利《じり》〔自力の修行によってその功徳・利益を自分一人で受け取ること〕として〝ボンの身体[15]〟を獲得した。また利他を為すために少年に変身し、様々な姿で人びとの前に現れ、有縁《うえん》〔ボン教に触れる縁があること〕の衆生を瞬時にして悟りへと導いた。修行の結果、彼にはこのように多くの功徳が具《そな》わった。

(35) ギェルプン・ナンシェル・ルーポ

1. 出自

氏族名はグリプ。父はブムメ、母はマンホルサ・ドゥンネ。

2. 師との出会い [p.27]

ギェルプン・ナンシェル・ルーポは一三歳からボン教を学び始めた。そして四七歳のとき、マミク西方のダクロン・カルポで、ツェプン・ダワ・ギャルツェンに贈り物を捧げた［p.28］。ツェプン・ダワ・ギャルツェンは贈り物を受け取り、ギェルプン・ナンシェル・ルーポに教えを授けた。その際、ギェルプンが「私はこの教えを誰かに伝授するべきでしょうか」と尋ねると、ツェプン・ダワ・ギャルツェンは「教えを授けるに値する人物であれば、一〇〇人に伝えてもかまわない」と答えた。

3．修行地

ギェルプン・ナンシェル・ルーポはダロク湖上の島に食糧を運び、そこで三年間、弟子と共に修行に専念した。彼は毎回の食事の際、ツァンパ[16]をひとやまずつ取り分けて残しておいた。二年が過ぎ、湖の氷が溶け始めたとき、彼らは乾燥したツァンパを使って煮汁を作り、それを飲んだ。そして煮汁の残り滓《かす》を岩の上に撒いて広げ、その上で眠った。三年目、湖の氷が溶け始めた頃、彼らは残り滓を岩から削り取り、それを水と混ぜて飲んだ。やがてギェルプンの弟子は、どうせ飢え死にするなら師よりも先に逝こう、湖に身を投げようと考えるようになった。そしてギェルプンに向かって「私は死のうと思います」と言った。

「自暴自棄になっているようだね」

「はい」

「まあ、島を回って、何かあるか見てきなさい」

島の中を歩いていると、野生のロバの死体があった。弟子はギェルプン・ナンシェル・ルーポの元に戻り、そのことを伝えた。するとギェルプンは「ロバには清浄な守護尊がついている。だから食べられることはない」と言った。数日後、ふたたび島の中を歩いていると、今度は女性の遺体があった。そのことを伝えると［p.29］、ギェルプンは「それは食べ物ではない。さあ、出発の準備をしなさい」と言った。

夏になり、湖面の氷はすっかり溶けていたので、湖上を歩いて渡ることは不可能だった。いったいどうやってこの島から脱出するつもりなのか。弟子は師の意図が分からず、怖くなった。その瞬間、ギェルプン・ナンシェル・ルーポは「私に掴まりなさい。そして目を閉じなさい！」と叫んだ。

気がつくと長い時間が過ぎていた。弟子は火口《ほくち》を島に置き忘れてきたことに気づき、閉じていた目を開けて後ろを振り返った。すると後方に身なりのよい女性の姿が見えた。彼女は長い白布を身に纏っていた。目を前方に向けると、もう一人、別の女性の姿が見えた。彼女も白い布を纏っていた。ギェルプン・ナンシェル・ルーポと弟子は、その長い白布の上を歩いているのだった。そのことに気づいた瞬間、白布は水中に消え去り、彼らは湖岸に辿り着いた。そこにダロク湖畔の町、レキムの人びとが集まってきた。ギェルプン・ナンシェル・ルーポは彼らに向かって「私はギェルプン。隠棲地から戻って来た」と告げた。しかし、長い修行期間を経たギェルプンの体はすっかり痩せ細り、髭《ひげ》も長く伸びていたので、誰も彼の言うことを信じなかった。なかには「ギェルプン先生は、もう何年も前に亡くなったよ」と言う人もいた。だが、話をしているうちに、二人がギェルプンとその弟子であることが分かった。人びとは二人に、まずヨーグルトを捧げ、次に白い雌ヤクのミルクと雌ヤギのミルクを捧げ、数日後に食物を捧げた。やがて二人は力を取り戻した。

4．一般的な成就［p.30］

ギェルプン・ナンシェル・ルーポは、シャンシュン・ニェンギュには守護神が必要だと考えた。そこで彼は、ニパンセとメン・クマ・ラツァという精霊に、シャンシュン・ニェンギュの教えの守護を命じた。ギェルプンは水晶の角など、様々な事物に変身することができた。

5．特別な成就［p.31］

ギェルプン・ナンシェル・ルーポは、ツェプン・ダワ・ギャルツェンをはじめ、多くの学者のもとで学び、ボン教の九乗の教義に精通した。彼は固く誓いを守る人物だった。またギェルプンは、メリとティーの法類（二〇頁の図Ⅰ参照）に説かれる儀礼[17]を実践して、様々な神通力を手に入れた。

ギェルプン・ナンシェル・ルーポは、シャンシュン国の王リクミヒャの宗教上の指導者であった。ギェルプンがその地位を誇示し、傲慢な態度を取るようになると、タピ・フリツァが少年の姿で彼の前に現れた。少年が明知《めいち》〔リクパ。心の本然の状態。悟りの意識〕のありようを示すと、ギェルプンの心は一切の束縛を離れ、平穏と安楽とに満たされ、自己の明知の状態を取り戻した。少年はその後、ギェルプンに〝言葉の相続〟の教えを授けた。この教えは『シャンシュン・ニェンギュ』の中に収められている。ギェルプンはすぐにこの教えを理解した。ギェルプンはその後、師タピ・フリツァと同じように、人びとの幸福のために尽力した。そしてすべてを知る智慧〔一切智〕を手に入れ、覚者となった。

シャンシュンのマル出身の六人の瑜伽行者たち（キャプションI・36－41）

（36）パワ・ギャルシー・セーチュン

1．出自

父はヤガル・セーギャル、母はトゥーカル・メンキー。パワ・ギャルシー・セーチュンは、レルパチェン王（生年八〇五年）の宗教上の指導者であり、父ヤカ゚ル・セーギャルはレルパチェン王の護衛係を務めていた。ギェルプン・ナンシェル・ルーポ［p.32］は、シャンシュン国内で教えを授けるに値する人物を探していた。そしてようやく二人の候補者を見つけた。一人はム・ツォゲという三歳の少年、もう一人はパワ・ギャルシー・セーチュンという七三歳の老人だった。ギャルシー・セーチュンは老齢であったが、哲学に深く通じ、常に善行を為し、体は岩のように頑丈だった。人びとは彼のことを、山の神ゲ・マサンの末裔、あるいは羅刹《らせつ》の子と呼んでいた。ギャルシー・セーチュンは王に支配されることも、女神に誘惑されることもなかった。そして〝如意宝珠〟のように気前よく、人びとに自分の財産を分け与えていた。

2．師との出会い

ギェルプン・ナンシェル・ルーポは五年間、隠棲修行を行った。その間、彼は〔声が外部に漏れないように〕修行小屋の壁に刺した藁の茎を通じて、パワ・ギャルシー・セーチュンに教えを説いた。これは教えの漏《ろう》洩《えい》を防ぐためだった。

3．修行地

パワ・ギャルシー・セーチュンは聖地メギュン・カルナクに住み、三七〇歳まで生きた。

4．一般的な成就

身体に関して言えば、パワ・ギャルシー・セーチュンの体は年齢を重ねるごとに光沢を増し、その容姿はますます魅力的になった。言葉に関して言えば、多くの人びとが彼の話を聞きたいと思うようになった。心に関して言えば、三種のタントラ[18]の教えを実践し、二種の成就を遂げた［p.33］。

5．特別な成就

師の教えを聞き始めてから一年が経過した頃、パワ・ギャルシー・セーチュンは、多くの人間は悟りを求めていないということ、また無明《むみょう》〔真理に暗く無知なこと〕の世界に生まれ変わることを恐れていないということを、はっきりと理解した。

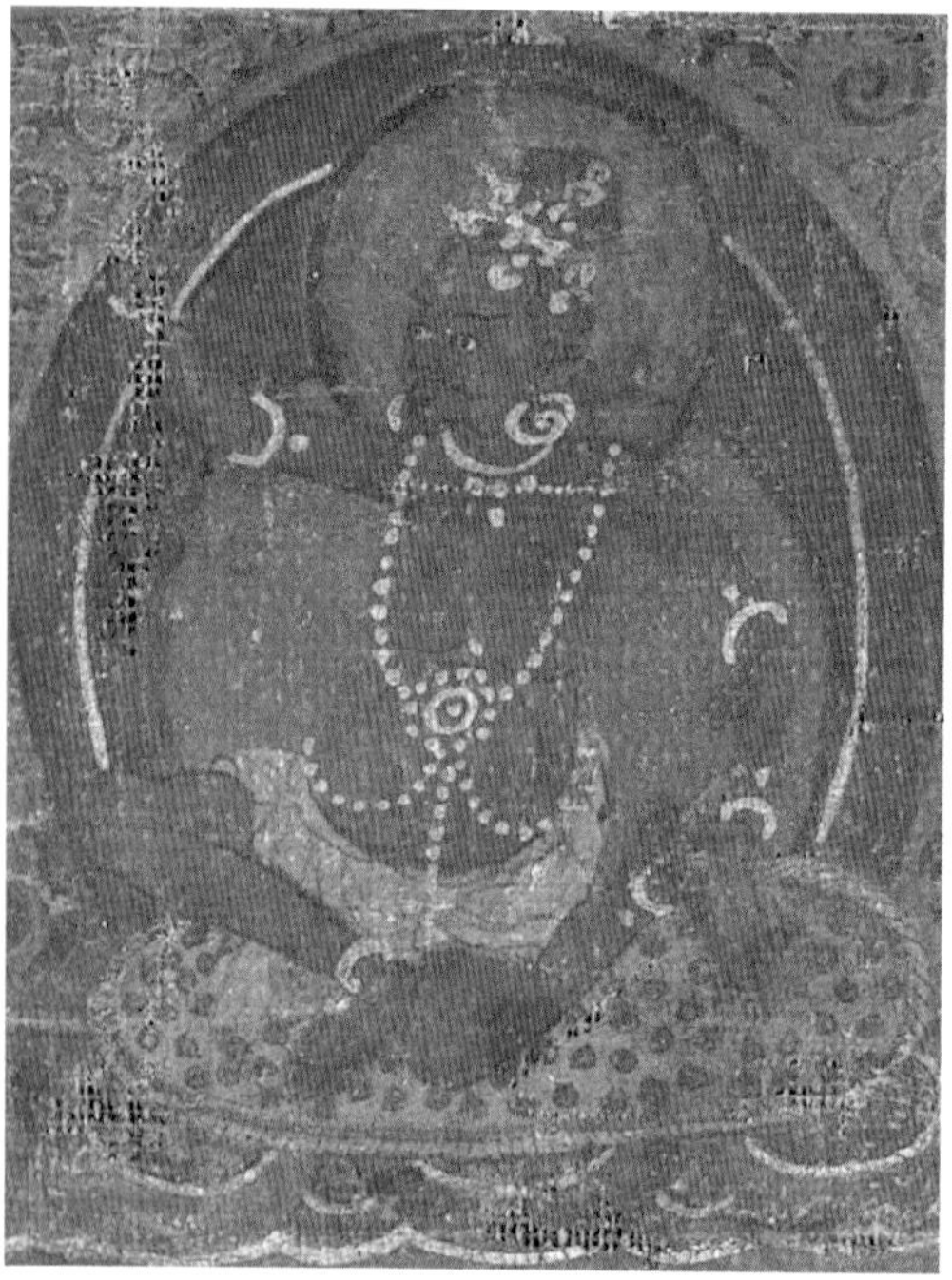

(37) ム・ツォゲ

1．出自

氏族名はグリプ。父はグリプ・ギェルプン、母はニャモ・チャムチク。

2．師との出会い

一九歳のとき、パワ・ギャルシー・セーチュンと出会い、シャンシュン・ニェンギュの教えを授かった。

3．修行地

パワ・タクラクチェンなどの瑜伽行者たちが、魔鬼ニェンを調伏《ちょうぶく》するために集住していた土地に住んだ。

そして一七一歳でこの世を去った。

4．一般的な成就

師と同等の成就を遂げた。

5．特別な成就

パワ・ギャルシー・セーチュンのもとでシャンシュン・ニェンギュの教えを学び始めてから五ヶ月が過ぎた頃、その教えはム・ツォゲの中で確固たるものとなった。その後、彼は俗世を捨て、覚者たちの思考を体得した。

（38）ム・ツォタン

1．出自［p.34］

氏族名はグリプ。父はグリプ・ギュンケ、母はロクシューサ・アロメン。

2．師との出会い

四七歳のとき、ム・ツォゲと出会い、シャンシュン・ニェンギュの教えを授かった。

3. 修行地

一一三歳までシャン・シェルダクで暮らした。

4. 一般的な成就

ム・ツォタンは一般的な成就を遂げた。

5. 特別な成就

ム・ツォタンは四〇日間、ム・ツォゲのもとでシャンシュン・ニェンギュを学んだ。最初の一〇日間はただ途方に暮れていたが、一ヶ月を過ぎた頃から教えの意味が分かるようになり、やがて悟りを開いた。

（39）ム・シュータム・チェンポ

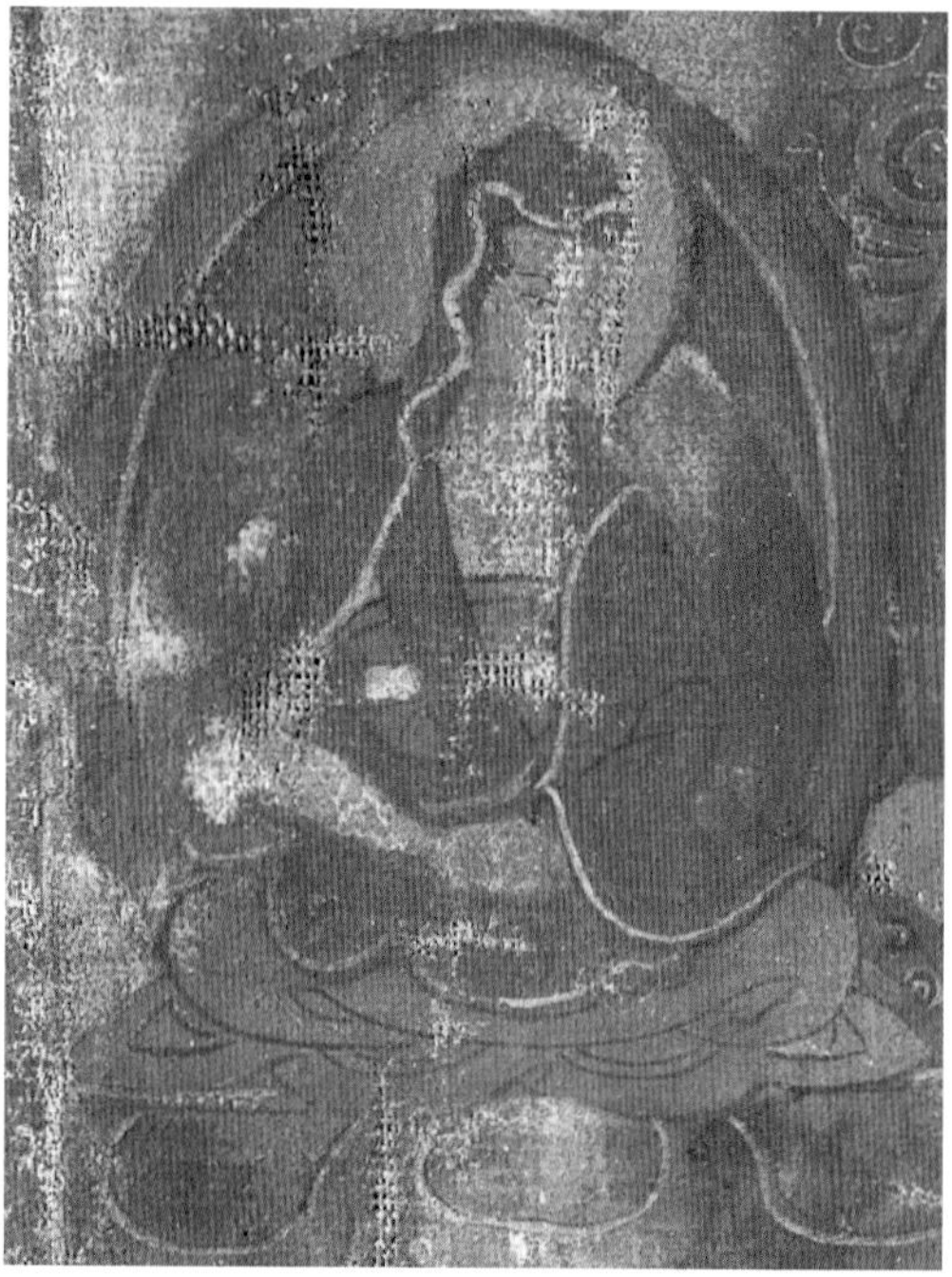

1．出自

氏族名はグリプ。父はグリプ・トギャル、母はラモ・ルグ。

2．師との出会い

ム・シュータム・チェンポは、ム・ツォゲの父方のおじだった。四〇歳のとき、彼は世を厭《いと》い、ム・ツォ

タンに五駄〔駄は重量の単位〕の穀物を捧げ、シャンシュン・ニェンギュの教えを請うた。［p.35］

3．修行地

大雪山タルゴの近郊、ニマルン谷の左手にあるパボン・ガルワで暮らした。ム・シュータム・チェンポはそこで、一一七歳まで生きた。

4．一般的な成就

修行を完成した証として、不思議な現象を引き起こす能力を手に入れた。

5．特別な成就

シャンシュン・ニェンギュの教えを学び始めてから一七日が経過した頃、ム・シュータム・チェンポは人間の生死の本質を理解した。そして、その理解が体験によって裏付けられたとき、彼は覚者と等しい存在になった。

(40) ム・ギャルワ・ロドゥー

1. 出自

氏族名はグリプ。父はグリプ・ツグ。

2. 師との出会い

ム・ギャルワ・ロドゥーは羊飼いを生業としていた。しかしその仕事に嫌気が差し、四〇歳のとき、タルゴ山中に住むム・シュータム・チェンポのもとを訪れ、弟子入りを志願した。ム・ギャルワ・ロドゥーは九年間、ム・シュータム・チェンポの身の回りの世話をした後、シャンシュン・ニェンギュの教えを請うた。ム・シュータム・チェンポはその要請を快く受け入れた。

3. 修行地

ム・ギャルワ・ロドゥーは最初は聖地ロクチャクプクに住み、その後、サンサン・ラダクに移住した。

4. 一般的な成就 [p.36]

修行の完成を示す種々の証を手に入れた。

5. 特別な成就

最初の一年間、ム・ギャルワ・ロドゥーは、ム・シュータム・チェンポの話が全く理解できなかった。次の一年間、ム・シュータム・チェンポはいろいろと例を挙げて説明を試みたが、それも無駄だった。そこでム・シュータム・チェンポは、教えの本質について熟慮せよ、とム・ギャルワ・ロドゥーに命じた。ム・ギャルワ・ロドゥーは一ヶ月間瞑想を行い、教えの本質について熟慮した。その結果、ム・ギャルワ・ロドゥーは、身体と心とが本来、輪廻・涅槃という概念から自由であることを知った。こうして彼は覚者の思考を理解するに至った。

(41) プンチェン・ツェンポ

1. 出自

ダロク出身で、氏族名はトクラ。父はクシェン・トクラ・ツェモ、母はマンウェルサ・ギェンチュンマ。夫婦には一二年間、子供が授からなかった。ある日の夜、ギェンチュンマは夫の世話を三人の女に任せ、ひとり別の場所で眠った。すると、若く美しい男性が夢の中に顕れた。ギェンチュンマは夢の中で、その男性と関係を結んだ。翌年、彼女は男児を出産した。男児はプンチェン・ツェンポと名付けられた。

2．師との出会い［p.37］

プンチェン・ツェンポは七、八歳の頃から善行に励んだ。そして一二歳のとき、ム・ギャルワ・ロドゥーのもとを訪れた。ム・ギャルワ・ロドゥーはプンチェン・ツェンポのことを気に入り、彼にシャンシュン・ニェンギュの教えを授けた。プンチェン・ツェンポは多くの返礼品を師に捧げた。

3．修行地

両親が亡くなったあと、プンチェン・ツェンポはイェール・シャンの山中に移り住み、禿鷹《はげたか》の如き（山中に棲息する）瑜伽行者となった。彼は自分の寿命を操ることができた。教化すべき人がいる間は生き、教化すべき人がいなくなると、この世を去った。

4．一般的な成就

プンチェン・ツェンポは自力で体調を整えることができたので、あまり食物を摂取しなかった。彼は人びとを教化するために、カッコウに姿を変え、しばしば旅に出かけた。

5．特別な成就

七日間教えを受けただけで、教えを理解し、教えを信頼し、悟りを得た。プンチェン・ツェンポは、真の化身であった。

〝上の流儀〟（stod lugs）を相承した六人の導師たち（キャプションⅠ・42－47）

（42）グゲ・シェーラプ・ロデ［p.55］

1．出自

グゲのナンコン出身。氏族名はニェル。

2．師との出会い［p.56］

グゲ・シェーラプ・ロデは、ヤギの世話をして生活していた。彼は毎日の暮らしの中で、カッコウに話しかけられるヴィジョンや夢を見ることがよくあった。ある日、グゲ・シェーラプ・ロデは、一羽のカッコウが空から舞い降りるのを見た。好奇心に駆られてカッコウが降り立った場所に行くと、一人の瑜伽行者が立っていた。瑜伽行者は青い服を着て、隠棲修行者の帽子を被っていた。

3．修行地

村落や隠棲地など、グゲのいたるところで瞑想を行った。

4．一般的な成就

青い服を着た瑜伽行者は、プンチェン・ツェンポだった。プンチェン・ツェンポはグゲ・シェーラプ・ロデに〝言葉の相続〟の教えを授けた。伝授を終えると、プンチェン・ツェンポはカッコウに変身し、音と光と光線を放って大空に舞い上がった。そして魔鬼たちを教化するために南西へ向かった。

5．特別な成就

プンチェン・ツェンポは「心穏やかであればそれで良し。すべてをあるがままにしておきなさい。私が会得したことはそれだけだ。だから、あなたもそのようにしなさい」と説いた。師の言葉を聞いたとき、グゲ・シェーラプ・ロデの心の中に、師の教えに対する確かな信頼が芽生えた。グゲ・シェーラプ・ロデは優れた知性の持ち主だったので、師の教えを実践するや否や、すぐに悟りを開いた。

(43) クンガー・リンモ

1．出自

プラン出身。氏族名はトンパ。

2．師との出会い［p.57］

幼い頃から信仰に篤く、読み書きを熱心に学んだ。ボン教の瞑想法に関心を持ち、やがて〝言葉の相続〟の継承者として知られるようになった。

3．修行地

ティセ山やマパン湖周辺、プラン西部のリンクンなどで暮らした。

4．一般的な成就

プランのナクニェルガン山氷河の上流にある岩場に瞑想小屋を建てた。この小屋は現在も残っている。

5．特別な成就

グゲ・シェーラプ・ロデは「思考に努めず、無思考に努めず、あるがままにしておきなさい。それこそが如実なるものである。如実なるものを実践せよ！」と説いた。師の言葉を聞いたとき、クンガー・リンモはすぐにその真意を理解した。そして一ヶ月間、瞑想を行い、師の教えを体験的に理解した。

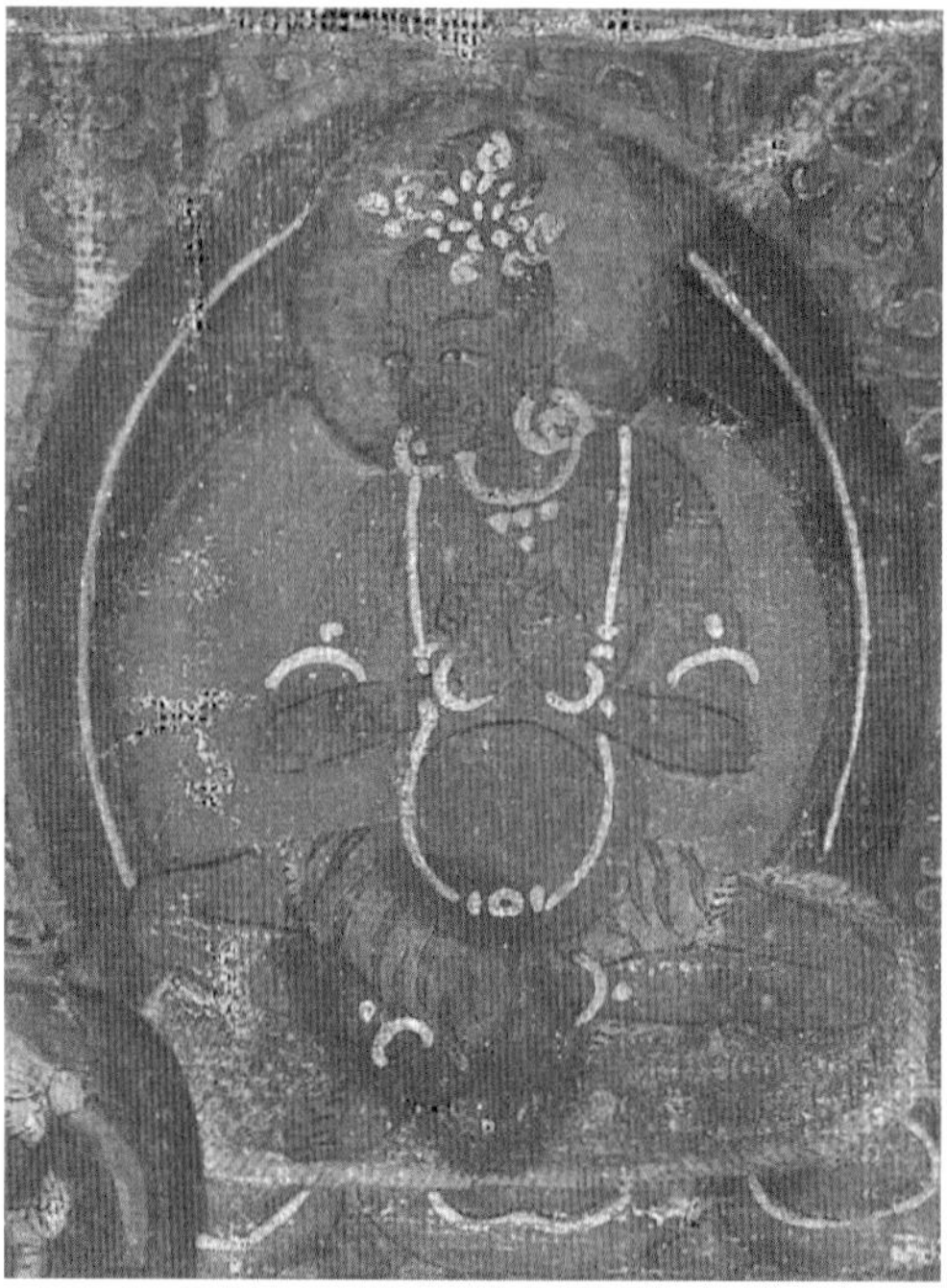

（44）ネージョル・セーチョク

1．出自

ネージョル・セーチョクは化身なので、両親はなく、出身地もない。

2．師との出会い

クンガー・リンモから〝言葉の相続〟［p.58］の教えを受け取った。

3. 修行地

特定の場所にとどまらず、各地を遊行した。

4. 一般的な成就

化身ネージョル・セーチョクは様々な姿形で人前に現れた。それゆえネージョル・セーチョクは、ボン教と仏教のいずれの相伝の系譜にも名を連ねている。あるときは賢者ツェワン・リクジン[19]と呼ばれ、あるときはチャユン・シクポと呼ばれた。この他にも多くの異名がある。彼は不可思議な現象を引き起こす能力に長けていた。

5. 特別な成就

クンガー・リンモは「私はあるとき、外的な事物であれ内的な事象であれ、すべてのものはやがて消滅すると知った。そして私は正しい結論に達した」と語った。師の言葉を聞いたとき、ネージョル・セーチョクは人間存在の悲哀を知った。そして八五日間、師の言葉の意味を熟思し、その真意を確実に理解した。

(45) キュンチ・ムトゥル

1. 出自

ドシュー出身。氏族名はキュンポ。

2. 師との出会い

キュンチ・ムトゥルが教えを請うと、ネージョル・セーチョクはすぐに〝言葉の相続〟の教えを授けた。

3．修行地

キュンチ・ムトゥルは偉大な瑜伽行者であり、一定の場所にとどまることがなかった。

4．一般的な成就

我々の想像も及ばないことを成就した。

5．特別な成就 ［p.57］

ネージョル・セーチョクはキュンチ・ムトゥルに次のように語った。「身体においても精神においても、特別な努力を行うことなく、ひたすら教えの本質だけに心を向けていれば、瞑想は妨げられない。私はそう知ったのだよ」。師の言葉を聞いた瞬間、キュンチ・ムトゥルが抱いていた疑念は晴れ、師を心から信頼する気持ちが生まれた。キュンチ・ムトゥルは師が教えた通りに瞑想を行った。そして師の言葉の真意を体験的に理解し、自分に自信を持つようになった。

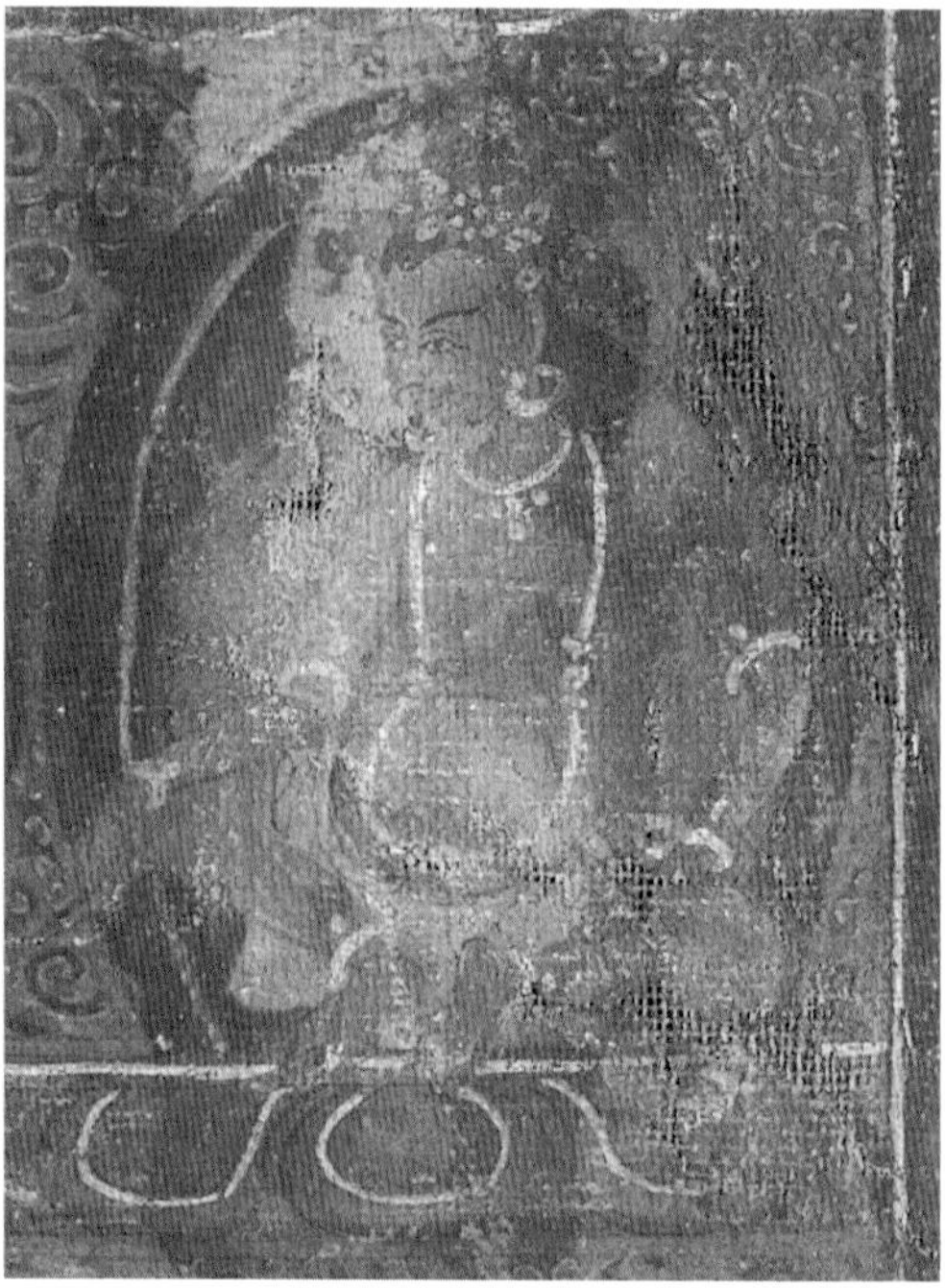

(46) ツィ・デワ・リンモ

1. 出自

出身はドシュー、氏族名はツィ。

2. 師との出会い

キュンチ・ムトゥルと出会い、〃言葉の相続〃の教えを受け取った。

3. 修行地

西方の聖なる山、ガンサン山で暮らした。

4. 一般的な成就

あまりにも多くのことを成就したので、ここでは語り尽くせない。

5. 特別な成就

キュンチ・ムトゥルは「私は、顕現と空《くう》が不二であることを知った。そして両者を征服した」と語った。その言葉を聞いた瞬間、デワ・リンモの心に真理についての知が芽生えた。修行を続けると、その知はますます確かなものとなった。

（47）トクメー・シクポ

1．出自

氏族名はロンポ。トクメー・シクポはロの西方で生まれた。

2．師との出会い ［p.60］

トクメー・シクポが〝言葉の相続〟の教えを請うと、ツィ・デワ・リンモはそれを受け入れた。

3. 修行地

ロの西部、ボンコル谷で暮らした。

4. 一般的な成就

太陽も月も見ず、一生涯を洞穴の中で暮らした。トクメー・シクポは、弟子のヤントゥン・チェンポをパンラ・ナムシェン[20]の化身と見なしていた。彼は修行完成の証として、千里眼などの数々の神通力を手に入れた。

5. 特別な成就

ツィ・デワ・リンモは「私は明知の〝内なる輝き〟(gdangs) に心を向けなかった。そうすることで〝内なる輝き〟を見つけることができた」と語った。トクメー・シクポは師の言葉の意味を深く洞察した。そしてある日、その意味を忽然《こつねん》と理解した。さらに修行を続けると、理解は確信へと変わった。

（48）ヤントゥン・シェーラプ・ギャルツェン

1. 出自

父はヤガル・スンラプキャプ、母はニモ・チューキー。ヤントゥン・シェーラプ・ギャルツェンには、四つの名前があった。彼は父親の死後一三日目に生まれたので、ツァプマ（〔父の〕代理）と呼ばれた。また氏族名のヤガル（略称はヤン）にちなんで、ヤントゥン（ヤンの導師）〔またはヤントゥン・チェンポ（ヤンの偉大な導師）〕とも呼ばれた。また、パンラ・ナムシェン［p.61］の化身と見なされていたので、パンラ・

ナムシェンと呼ばれることもあった。だが、彼の本名は、シェーラプ・ギャルツェンである。

ヤントゥン・シェーラプ・ギャルツェンは二〇歳まで、ひたすら学問に専念した。仏教僧の中には彼との問答勝負に挑む者もいたが、誰も彼を論破できなかった。仏教僧たちは「このボン教徒は辯才《べんざい》に長けている。しかし彼の主張を受け容れることはできない」と言って、その場を立ち去るのだった。ヤントゥンは二七歳のとき二人の妻を迎えた。だが子供には恵まれなかった。ヤントゥンは埋蔵教典の教法にも通じていた。彼は埋蔵教典の研究を進めるうちに、その教法に一三の系統があることを知った。ヤントゥンは、この世界が実在せず、幻影にすぎないことを知っていた。彼は行く先々で山に登り、虚空を見つめた。人びとは最初、ヤントゥンのことを狂者と呼んで避けていたが、やがて彼の身の回りの世話をするようになった。一人で山の上に居るとき、ヤントゥンは様々なヴィジョンを体験した。プンチェン・ツェンポのヴィジョンが顕れ、ヤントゥンに予言を授けることもあった。

2. 師との出会い

あるとき、ヤントゥン・シェーラプ・ギャルツェンは、セボン・トギャルという人物と議論をしていた。その議論の中で、セボン・トギャルは二つの聖典に言及した。ヤントゥンが「あなたは物知りですね。誰に師事したのですか？」と聞くと、セボン・トギャルは「私の師はオルゴム・クンドゥルです。神々の血統を受け継いでおられる御方です」と答えた。ヤントゥンは、その方ならシャンシュン・ニェンギュの教えをよく知っているに違いないと思った。その後、ヤントゥンはオルゴム・クンドゥルのもとを訪ね、教えを請うた。するとオルゴム・クンドゥルは「あなたは大海にも満足しない人だ。私の教えは魚の眼のように小さい。私が何を説いても、あなたは満足しないだろう」と言った。「どうかその教えを、私にお授けください！」とヤントゥンは食い下がった。［p.62］何度かのやりとりの末、オルゴム・クンドゥルはヤントゥンの要望を受け入れた。オルゴム・クンドゥルはその後、二ヶ月半にわたって〝体験の相続〟の広説〔詳しい教説〕と略説の教えを説いた。教えを受けている間、ヤントゥンは師の教えを文字に書き留めた。教えを説き終えると、オルゴム・クンドゥルは「ヤントゥンよ、いまからガリの西方に向かいなさい。あなたはそこで、二人の息子[21]をもうけ、多くの弟子を得ることになるだろう」と言った。

ヤントゥン・シェーラプ・ギャルツェンは師の言葉に従い、西チベットに向かった。そしてキャル・ゴン寺を建てた後、ロに向けて旅立った。旅の途中、ヤントゥンは骰子《さいころ》遊びをする人びとと出会った。彼らは「ここでしばらく休んでください。そして私たちに加持を与えてください」と言って、ヤントゥンを引き留めた。しばらくそこにいると、一人の男が「ああ！　ロン・トクメー・シクポには、お月様もお天道様もお目にかかれない！」という掛け声とともに骰子を振った。ヤントゥンが驚いて「その方はどなたですか？　いま、どこにいらっしゃいますか？」と尋ねると、男は「ロン・トクメー・シクポは、シャンシュン・ニェンギュの修行をして悟りを開いたラマさ。ラマはこの上の山庵《さんあん》にいるよ」と答えた。そのときヤントゥンの心の中に、ラマに対する信仰と献身の感情が湧き起こった。自分はまだ、シャンシュン・ニェンギュについて何も知らない、もっと学ばなければならない。そういう思いに突き動かされ、ヤントゥンはロン・トクメー・シクポのもとに向かった。

ロン・トクメー・シクポと会う前日の夜、ヤントゥン・シェーラプ・ギャルツェンは、ラマへの贈り物と、聚輪《じゅりん》儀礼[22]を行うために必要な物を集めていた。一方、トクメー・シクポはその夜、不思議な夢を見た。

眠りにつくとすぐに一人の女が現れた。女はトクメー・シクポに次のように語りかけた。「パンラ・ナムシェンの化身がやってきて、あなたの弟子になる。彼を受け入れなさい。そして、シャンシュン・ニェンギュの教えを授けなさい」。また夜半過ぎの夢にはボン教徒の男が現れた。その男は在家タントラ行者のいでたちで、口髭を蓄え、顎鬚《あごひげ》が長く、頭頂部で髷《まげ》を結い、肩には長い髪が掛かっていた。[p.63] そして腰に白い布を巻き、上半身は青い上衣を着て、その上に赤い上着を羽織り、ベルトには鉄製の金剛杵《こんごうしょ》を差していた。翌朝、トクメー・シクポが目を覚ますと、付き人が言った。「トクメー・シクポ様。ドンキャから来たというボン教徒が先生との面会を求めています」「どんな人だ」「在家タントラ行者のいでたちで、行者の道具を持っています」「それは昨晩、私の夢の中に出てきた男だ。彼を中に入れなさい」。

ヤントゥン・シェーラプ・ギャルツェンがトクメー・シクポの前に姿を現した。ヤントゥンはトクメー・シクポに挨拶をした後、「ロン・トクメー・シクポ様。私はシャンシュン・ニェンギュのタントラの教えと、瞑想法を修得しました」と言った。するとトクメー・シクポは次のように述べた。「あなたが修得したのは、シャンシュン・ニェンギュのタントラの教えと〝体験の相続〟の教えだ。一方、私が継承したのは〝言葉の相続〟の教えだ。〝言葉の相続〟の教えは、プンチェン・ツェンポからグゲ・シェーラプ・ロデに伝えられた。またこの教えは〝言葉の相続の四法類〟とも呼ばれている。私はその四つの法類のうち、一つの法類を、すでにルンゴム・トクメーに伝授した。だから、もしあなたがその法類を修得したいのであれば、ルンゴム・トクメーに頼んでみるしかない。〝独一相続〟の伝統は守られなければならない。私はそれをあなたに伝えることはできないのだ」。そう述べたあと、トクメー・シクポは〝言葉の相続の四法類〟のうち三つの法類を、ヤントゥンに伝授した。[23]

3．修行地

ヤントゥン・シェーラプ・ギャルツェンは、どこにいてもその場を神々の宮殿に変え、修行の場とすることができた。ヤントゥンは病気に罹り、六三歳で没した。ヤントゥンが寿命を全うすることなくこの世を去ったのは、彼が師の戒めを破り、教えを軽はずみに開示したためか、あるいはパク・ボンポの寡婦に教えを説いた際、口授よりも先に教典を見せてしまったためであるとされる。［p.64］

4．一般的な成就

ヤントゥン・シェーラプ・ギャルツェンは、学者であると同時に行者でもあった。彼は修行を完成して多くの神通力を手に入れた。ダーキニー・イェシェサルはヤントゥンのことを、衆生を悟りへ導く持明者[24]と見なしていた。ヤントゥンは前世を王子として生きたので、彼が望めば、どんな導師とも出会うことができた。

5．特別な成就

シャンシュン・ニェンギュの教えを受けた後、ヤントゥン・シェーラプ・ギャルツェンは、いつどこにいても、一瞬たりとも瞑想から離れることがなかった。ヤントゥン・チェンポ〔ヤントゥン・シェーラプ・ギャルツェン〕の後、シャンシュン・ニェンギュの系統は〝北の相続〟と〝南の相続〟の二つに分かれることとなった。

〝北の相続〟（byang brgyud）の系譜に連なる八人の導師たち

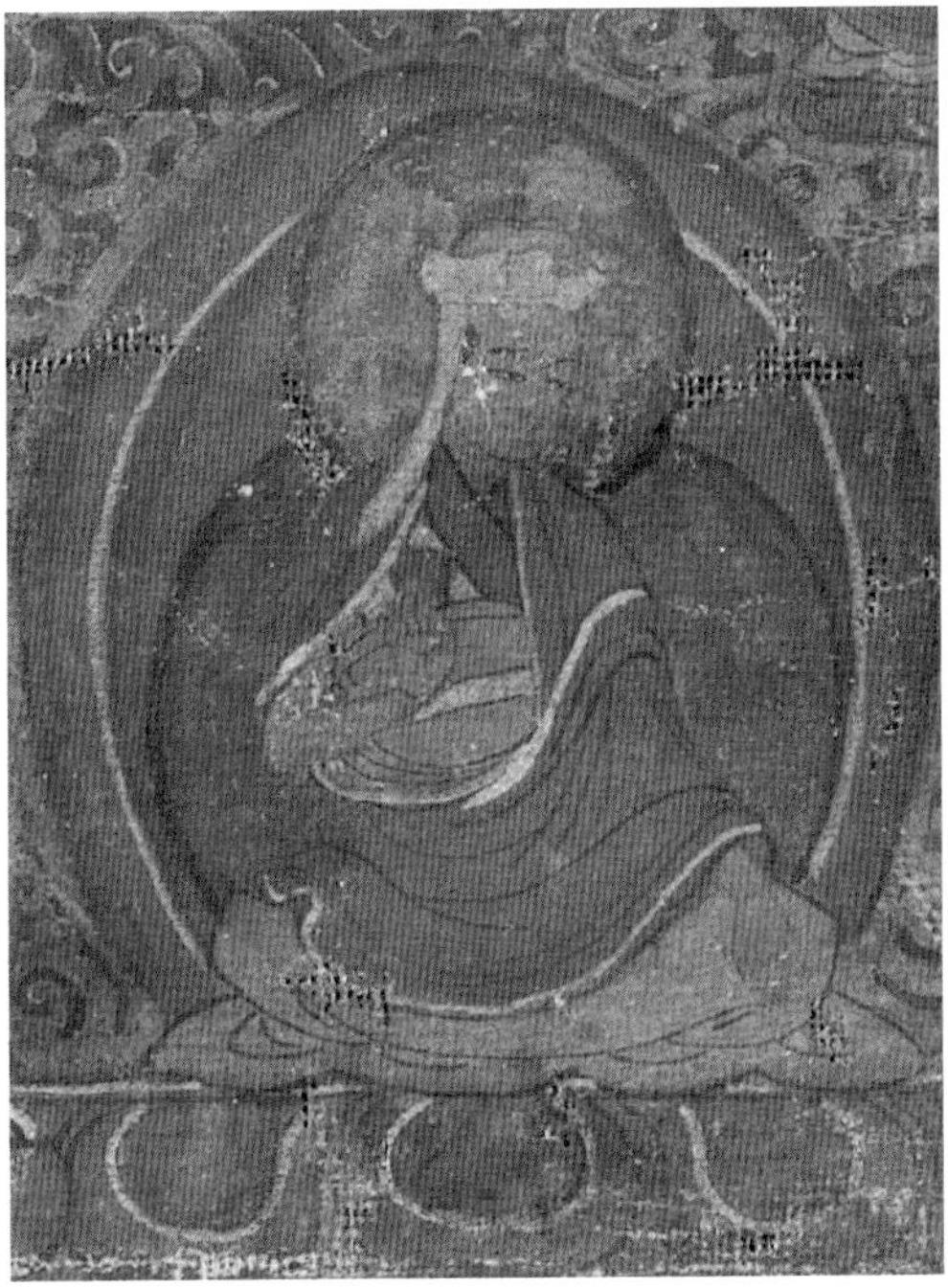

（49）ルンゴム・トクメー

1．出自

ツァン出身、氏族名はルン。

2．師との出会い

ルンゴム・トクメーは、ヤントゥン・チェンポ〔ヤントゥン・シェーラプ・ギャルツェン〕のもとでシャンシュン・ニェンギュの奥義を極め、ヤントゥン・チェンポは、ルンゴム・トクメーから〝言葉の相続の四法類〟の第一の法類を学んだ。またルンゴム・トクメーは、自分の弟子トゥルメー・シクポから〝体験の相続〟の教えを学んだ。彼はこのように、出会った人から学び、出会った人に教えを伝えた。

3．修行地

ツァンの山中や、隠棲修行者たちが集う土地を転々とした。

4．一般的な成就

あらゆる偏見から離れ、無量の成就の証を得た。［p.65］

5．特別な成就

ルンゴム・トクメーは「心のあるがままの本性を見たとき、これこそが究極の境地であることを知った」とよく口にしていた。彼はツァン各地で隠棲修行を続けるうちに、自分がこの境地に近づきつつあることを知った。やがて、明知の体験は揺るぎないものとなった。

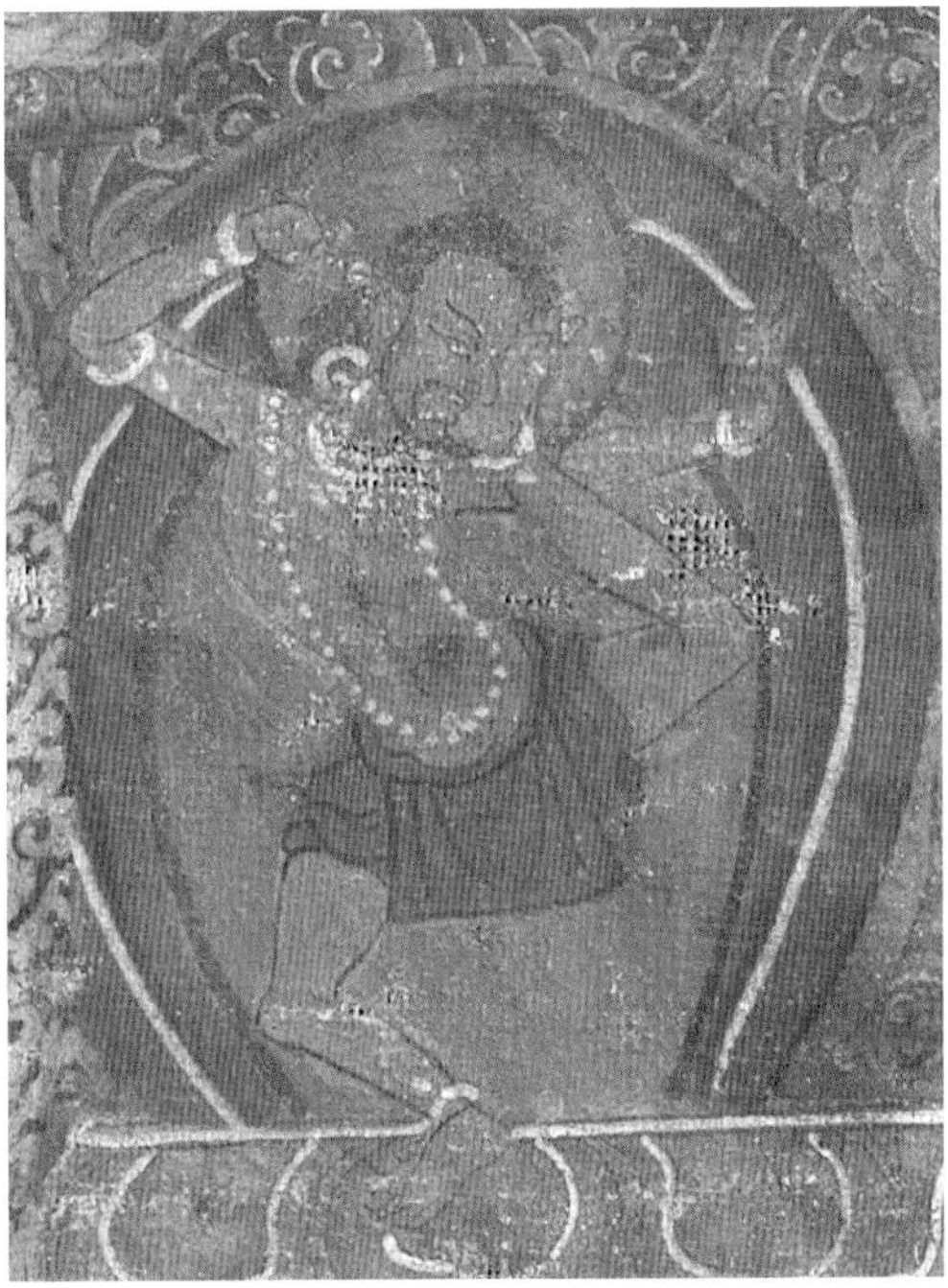

(50) ニェルゴム・トゥルメー・シクポ

1. 出自

出身はロ東部のシャリ、氏族名はニェル。

2. 師との出会い

ニェルゴム・トゥルメー・シクポは、ヤントゥン・チェンポとルンゴム・トクメーに出会った。三人は互いに教え合い、学び合った。

3．修行地

人生の大半をロのシャリで過ごし、長期にわたって隠棲修行を続けた。

4．一般的な成就

現象世界が幻影にすぎないことを知り、世俗の垢にまみれることがなかった。成就の証として神通力を手に入れ、不思議な力を自在に示した。

5．特別な成就

ニェルゴム・トゥルメー・シクポは「何も修正せず、すべてをありのままに放置しなさい。そうすれば真理の本質にとどまることができる。そのような瞑想を実践しなさい」とよく言っていた。彼は強い信念と決意をもって、一年間隠棲修行に従事した。そして自分の瞑想に自信を持つようになった。

(51) ニャクゴム・リワ・シェルツゥル [p.66]

1. 出自

ダンラ・チェンゴン出身。氏族名はニャク、部族名はギャ。

2. 師との出会い

ニャクゴム・リワ・シェルツゥルは、ルンゴム・トクメーとニェルゴム・トゥルメー・シクポに出会った。二人はニャクゴム・リワ・シェルツゥルを適格者と認め、彼に〝言葉の相続〟の教えと、それに関連する諸々の教法を伝授した。

3．修行地

大雪山タルゴ・ゲゲンを修行の拠点とし、ダンラのチェンゴンにあるセプク洞穴で暮らした。チェンゴンは隠者の地として知られていた。

4．一般的な成就

完璧な千里眼を手に入れた。また守護尊たちは、ニャクゴム・リワ・シェルツゥルが将来、ウリ・ソナム・ギャルツェンという名の弟子を持つと予言した。ニャクゴム・リワ・シェルツゥルの周りにはいつも、鬼神たちが付き人として仕えていた。

5．特別な成就

ニャクゴム・リワ・シェルツゥルは「私は心の本質について吟味した。その結果、心の本質が概念的思考の彼岸にあることを、はっきりと理解した」と述べた。彼は、師を信頼し、師の教えを信じて、瞑想修行に励んだ。そして瞑想を続けているうちに、信心と信頼は確信へと変わっていった。

（52）ウリ・ソナム・ギャルツェン

1．出自

ベリ・ナンコル（カム）出身、氏族名はドン。父はアギャル、母はダサ・ドゥンネ。ウリ・ソナム・ギャルツェンは幼少の頃、アムチョグと呼ばれていた。五歳で母を失ったあと、継母のいじめにあって苦しんだ。だが、彼には兄弟が多くいたので、その後、僧侶になることが許された。一三歳のとき［p.67］、キュンサルワのもとで出家し、ソナム・ギャルツェンという名前を授かった。二〇歳のとき、レトゥンとボンシク・ロデのもとで、『ガプパ』[25]、『ズー』[26]、『ダクパ』[27]を学んだ。そして三〇歳を過ぎた頃、西チベットのティセ山、マパン湖、ラクガル湖を巡礼した。

2. 師との出会い

ウリ・ソナム・ギャルツェンの師、ニャクゴム・リワ・シェルツゥルは、チェンゴンのセプク洞穴で暮らしていた。リワ・シェルツゥルは修行に専念するために、洞窟の入り口を泥で塞ぎ、誰も出入りできないようにしていた。ウリ・ソナム・ギャルツェンが来る前夜、リワ・シェルツゥルは、茶色い服を着た色の白い女の夢を見た。女は黄金やトルコ石の飾りが付いた丈の短い黒いマントを羽織り、一三歳の少年を連れていた。「この少年はあなたの子。彼にすべてを与えなさい」と、女は言った。また明け方にも次のような夢を見た。日が昇り、祭壇に水を供える時間になった。朝日が差し込む庭に出ると、樹々が生い茂り、色とりどりの花々が鮮やかに咲き乱れていた。

夢から醒め、リワ・シェルツゥルはいつものように勤行《ごんぎょう》を始めた。そして洞穴の外にいる付き人に声をかけ、水を汲みに行かせた。付き人は汲んできた水を、洞穴の小さな壁穴からリワ・シェルツゥルに渡した。そして次のように言った。

「瑜伽行者が来ています。先生に会いたいと言っています」

「どんな人だ。服装は?」

「ベリから来たと言っています。三〇歳くらいで、色白で、白い服を着ています」［p.68］リワ・シェルツゥルは昨夜の夢を思い出した。「彼と会おう。ここに連れてきなさい」

ウリ・ソナム・ギャルツェンが壁穴の近くまでやってきた。ちょうどそのとき、朝日が昇った。リワ・シェルツゥルは「これは縁起がいい」と言った。二人は洞穴の壁を隔てて語り合った。リワ・シェルツゥルはウリ・ソナム・ギャルツェンに向かって次のように言った。「昨晩、私は良い夢を見た。あなたはとても幸運だ。私はシャンシュン・ニェンギュの継承者である。これは甚深《じんしん》な教えであり、私が唯一の相承者だ。この教えをあなたに授けよう。だがその前に、いくつかやらなければならないことがある。今日の午後、あなたは東方へ向けて出発し、この地を去るふりをしなさい。そして日が暮れたら、ここに戻ってきなさい。そうすれば、私はあなたにこの教えを伝えることができる」。ウリ・ソナム・ギャルツェンは言われた通りにした。

翌朝、リワ・シェルツゥルは水を運んできた付き人に向かって次のように告げた。

「今日から一ヶ月間、私は厳格な隠棲修行に入る。誰も洞穴に近づけてはならない。私が隠棲修行中であることを人びとに示すために、洞穴の入り口にト〔看板〕を立てておきなさい。それから、いつもより多めに水を運んでおいてくれないか」

シャンシュン・ニェンギュの伝授が始まった。二人はまず、シャンシュン・ニェンギュの守護尊に供物を捧げた。それから一ヶ月間、リワ・シェルツゥルは毎日、ウリ・ソナム・ギャルツェンにシャンシュン・ニェンギュの教えを説いた。

伝授を終えると、リワ・シェルツゥルは次のように言った。「私はもう年寄りだ。この教えを授けるに値する人物を探してきたが、なかなか見つからなかった。私はこれまで、教えの一部を説いたことはあるが、すべてを伝授したことはない。[p.69]私はいま、すべての教えをあなたに託した。これを大切に護持し、安易に人に伝えてはならない。もしあなたが、適格な相承者を一〇〇人見つけたなら、全員にこの教えを説いてもかまわない。しかし、相承者の器でない者には、決して説いてはならない」。

3. 修行地

ウリ・ソナム・ギャルツェンは故郷のベリで修行に従事した。彼はまず『ガプパ』を学び、これをよく理解した。次にボンシク・ロデのもとでゾクチェンを学び、これを深く理解した。しかし、ウリ・ソナム・ギャルツェンに〝言葉の相続〟の教えを授けたのは、リワ・シェルツゥルであった。ウリ・ソナム・ギャルツェンはリワ・シェルツゥルのもとで学び、輪廻と涅槃が不二であることを知った。ウリ・ソナム・ギャルツェンは八一歳の寿命を全うした。彼の遺体は火葬され、多くの舎利が残った。

4. 一般的な成就

ウリ・ソナム・ギャルツェンは学者であり、講釈・著述・問答のすべてにおいて、卓越した能力を発揮した。最も有名な著作は『日光の飾り』[28]であり、これは『シャンシュン・ニェンギュ』にも収められている。彼の高弟としては、コンツァ・タシダル、ソナム・イェシェ、マタン・ユツェなどが有名である。弟子たちもまた、一切有情《いっさいうじょう》［この世に生きるすべてのもの］のために力を尽くした。

5. 特別な成就

リワ・シェルツゥルは「心には様々な思考や想念が顕れる。しかし、それらはみな、実体がないまま顕れ、実体がないまま消え去って行く。人びとはそのことを吟味しようとしない」と語った。この言葉を聞いたとき、ウリ・ソナム・ギャルツェンの心の中に、俗世を厭う気持ちと、師を信頼し、その教えに従う決意が生まれた。師から教えを受けた後、ウリ・ソナム・ギャルツェンは五ヶ月間、修行に専念した。すると蛇のとぐろがほどけるように、彼は一切の概念的思考から解放された。［p.70］そして悟りの智慧の輝きが、彼の心を満たした。

（53）ソナム・イェシェ

1．出自

ツァンのダルディン出身。氏族名はニェル、家名はドニャ。

2．師との出会い

ソナム・イェシェはシェン・イェシェ・ロドゥー[29]によってベリに送られ、そこでウリ・ソナム・ギャルツェンと出会った。ソナム・イエシェはウリ・ソナム・ギャルツェンを師と仰ぎ、ウリ・ソナム・ギャルツェンは彼に〝言葉の相続〟と〝体験の相続〟の教えを伝えた。

3. 修行地

ベリからダルディンに戻った後、ソナム・イエシェは、偉大なるシェン・イエシェ・ロドゥーにその教えを説いた。またソナム・イエシェは、ムトワ・イエシェ・リンチェンをはじめ、多くの弟子に恵まれた。

4. 一般的な成就

瑜伽行者であったソナム・イエシェは、人生のほとんどを瞑想に費やした。そして無数の成就の証を得た。

5. 特別な成就

ウリ・ソナム・ギャルツェンは「心をありのままにして、明知をその依り所から分離せよ」と説いた。師の言葉を聞いたとき、ソナム・イエシェは瞬時にその意味を理解し、師の教えに従う心を起こした。そして無常心〔世のはかなさを感じる心〕と厭離《えんり》心〔汚れたこの世を離れたいと思う気持ち〕に駆られ、強い決意を持って瞑想修行に励み、やがて真理を体得した。

（54）ギャトン・イエシェ・リンチェン ［p.71］

1．出自

メーチャクのワルロン谷で生まれた。氏族名はギャ。父はギャボン・トゴム、母はキャモ・ペルキョン。四人兄弟の末っ子で、幼少の頃はトギャルと呼ばれた。

2. 師との出会い

レントゥン・イェシェ・センゲのもとで出家した。その後、ラプク（パ氏の本拠地[30]）の寺院で、パ・ギャルワ・ロドゥーから、トウォ[31]とワルプル[32]とメリの法類の灌頂を授かった。二七歳のとき、ポドンパ・シュンヌ・ロセルと、ダルディン[33]のクンキェン・イェシェ・ロドゥー〔偉大なる師シェン・イェシェ・ロドゥー〕のもとで学び、三〇歳のとき、ドニャ・ソナム・イェシェから〝言葉の相続〟と〝体験の相続〟の教えを伝授された。ギャトン・イェシェ・リンチェンは、守護尊ツォチョク・カルポや、持明者たちのヴィジョンを体験することがあった。彼はボン教の九乗の分類法に詳しく、その教法に精通していた。

3. 修行地

チュウォリをはじめ、各地で瞑想修行に従事した。その結果、様々な宗教体験を経て、多くの成就の証を得た。［p.72］ラマ・ギャルツェンのもとで『無垢倶生《むくぐしょう》』[34]の教えを学ぼうと思ったこともあったが、自分はすでにラマの境位に達していることに気づき、導師はもはや不要だと判断した。

チュウォリでの修行を終えた後、ダルディンに戻ると、偉大なる師シェン・イェシェ・ロドゥーはすでに他界していた。ギャトン・イェシェ・リンチェンは、全財産を投げうって師の葬儀を執り行った。以後、彼は真の世捨て人となった。その後、ギャトン・イェシェ・リンチェンは、パ・ギャルワ・ロドゥーとの再会を果たすために、西方へ向かった。しかしラプクに着いたとき、パ・ギャルワ・ロドゥーもまた、三七歳の若さですでに他界していた。パ・ギャルワ・ロドゥーは生前、ギャトン・イェシェ・リンチェンの帰還を予言していたという。彼は師に対し、深い尊崇の念を抱いた。ギャトン・イェシェ・リンチェンはそのあと、ゲダクに滞在し、ひと冬の間、断食を行った。鬼神たちは砂をツァンパに変えて、彼に捧げた。夏の間はキャギャ・ゾンリ谷の上手にあるラゾン寺に滞在し、イラクサだけを食べて苦行を続けた。またチュバル寺に居る間は水だけを飲み、四〇日間の断食を行った。その後、ダルン寺に招かれ、そこで聚輪儀《じゅりん》礼を執り行った。

キャギャ・ゾンリにもう一つ寺を建てて欲しいと頼まれたこともあったが、ギャトン・イェシェ・リンチェンは無常の理を説いてこれを断った。その後、サルカの寺で三年間苦行を続け、賢者シェンラ・ウーカルのヴィジョンを得た。シェンラ・ウーカルの姿は、儀軌に説かれるものと一致していた。ギャトン・イェシェ・リンチェンは、身に纏《まと》う古いぼろ布と、飲み物を容れる小さな鉢以外は、何も所有しなかった。[p.73]だが彼は、レミの寺でシリのラマ、ペルデン・センゲと共に聚輪儀礼を執り行った際、チャン[35]と肉と一駄量のツァンパを一気に飲み込んだことがあった。彼はそのとき、次のような詩を詠んだ。


古くて粗末な布を纏《まと》っていれば、良質で肌触りの良い服への執着が断たれるのではないか。

粗末な食事で満足すれば、甘美な食べ物への執着が断たれるのではないか。

頭蓋骨の碗だけを持ち歩いていれば、財物への執着が断たれるのではないか。

謙虚な気持ちで、いつも末席に座っていれば、地位や名誉への執着が断たれるのではないか。

私にその必要があるかはともかく、私はこれを続けている。


この詩は後世への戒めとして詠まれた。以後、ギャトン・イェシェ・リンチェンは偉大なる托鉢僧として知られるようになった。

4．一般的な成就

ギャトン・イェシェ・リンチェンは、ティセ山、タクロン谷、マパン湖およびラクガル湖周辺を主な活動拠点とした。彼は覚者の思考を知り、真理を悟り、無数の成就の証を手に入れた。彼は一瞥しただけで人間と鬼神を教化し、一切の障礙《しょうげ》〔悟りの妨げとなるもの〕を取り除くことができた。彼の髪は六〇歳で黒くなり［p.74］、六三歳で五本の美しい歯が生えた。ギャトン・イェシェ・リンチェンの声を聴くだけで人びとは解脱へと導かれた。それゆえ彼の活動は、自己を利するだけでなく、おのずと他者を利した。プランのチョルテン・ベルポに滞在中、ギャトン・イェシェ・リンチェンは重い病に罹った。そのとき、彼の目の前に水晶のように透明な少年が現れた。少年は光を放ち、虚空の中に立っていた。タピ・フリツァが教えを説くためにやってきたのだ、とギャトン・イェシェ・リンチェンは思った。

スルカンで隠棲修行をしていたとき、ギャトン・イェシェ・リンチェンの前に守護尊が現れ、「人びとに教えを説きなさい」と命じた。そこで彼はまず、グリプ・ツェンキャプに教えを説いた。その後、ギャトン・イェシェ・リンチェンの弟子は八〇人ほどになった。彼の弟子たちはみな、他者のために力を尽くし、他者の幸福のために人生を捧げた。ギャトン・イェシェ・リンチェンから加持を受けた者は三〇〇人以上に及んだ。彼はドシューに滞在中「私はキャルでこの世を去る」と宣言し、戊午年《つちのえうま》、夏の二番目の月の朔日《ついたち》に、病気になった。彼は弟子たちに聚輪儀礼の執行を命じ、彼らに教誡を与え、導師たちの伝記を詳しく語った。そして同月八日の日没後、八五歳でこの世を去った。［p.75］そのとき、大地は鳴動し、夜空には虹が架かった。葬儀は弟子たちによって執り行われた。ギャトン・イェシェ・リンチェンの遺体は八歳の子供ほどの大きさに縮んだ。その後、彼の遺体は荼毘《だび》に付された。人びとはその遺骨を神聖視した。

5．特別な成就

ギャトン・イェシェ・リンチェンは、よく次のように言っていた。「無分別の境地は、主体と客体を離れたところにある。それは自然に、あるがまま存在している。私はその境地に近づこうとも、離れようともせず、修行を続けてきた。そうすることで私は、あるがままの真如の〝母〟と出会うことができた」。彼はナムドル・イェシェ・リンチェンという異名でも知られた。

ギャトン・イェシェ・リンチェンが瞑想をしていると、タピ・フリツァがしばしば彼の前に現れた。タピ・フリツァは彼を、輪廻・涅槃という区別を超えた偉大なる無努力の境地へと導いた。

(55) チャタンワ・ツルティム・サンポ

1．出自

キャギャ出身。父はグリプ・ツェンキャプ、母はチャクモ・チョゲ。チャタンワ・ツルティム・サンポは一家の長男として生まれた。サレウー・ツルティム・ギャルツェンは、彼の弟にあたる。

2．師との出会い

ギャトン・イェシェ・リンチェンの門を叩き、その弟子となった。チャタンワ・ツルティム・サンポは師の教えを聴聞するうちに、輪廻を厭うようになった。ある日、チャタンワ・ツルティム・サンポは妻に向かって言った。「現世と来世と中有《ちゅうう》〔死後、再生するまでの期間〕とをひたすら巡り、生死を無限に繰り返すことを思うと、恐ろしい気持ちになる。私は隠棲修行者となって、来世のために何かをしたい」。するとと妻は「あなたにそんなことができるかしら。でも、あなたがそうしたいのであれば［p.76］、私と子供たちは別にかまいませんよ」と言った。

チャタンワ・ツルティム・サンポは、家族のもとを離れる決心をした。彼は衣服とツァンパを入れた袋を背負って家を出た。しばらく歩いたあと、チャタンワ・ツルティム・サンポは後ろを振り返り、家族が住むテントのほうを〝両目〟でしっかりと見た。しかし、妻はもうテントの中に入っていた。彼女は夫を〝片目〟で見送ることすらしなかったのである。

その後、チャタンワ・ツルティム・サンポは各地を旅し、幸福な人生や悲哀に満ちた人生など、様々な人生のありように触れた。彼は旅を通じて、人間についての理解を深めた。また旅の途中、寺院や聖地を訪れ、それらの地に置かれる神聖な事物から加持を受けることもあった。

旅を終えた後、チャタンワ・ツルティム・サンポは、師ギャトン・イェシェ・リンチェンのところに戻った。ギャトン・イェシェ・リンチェンは「我が子よ、あなたは私が言った通りに行動した。あなたはもう立派な瑜伽行者だ」と言って、彼の帰還を喜んだ。

その後、チャタンワ・ツルティム・サンポは、ある習慣を確立した。それは、自分の弟子たちを順番に教主の座に座らせ、ゾクチェンについて説教を行わせるというものだった。彼は多くの弟子に恵まれた。弟子たちもみな、他者のために力を尽くした。

3. 修行地

ティセ山、マパン湖、ラクガル湖、タクロン谷などに住み、人びとに教えを説いた。

4. 一般的な成就

チャタンワ・ツルティム・サンポの弟子の中で特に優れていたのは、ウルゴム・ソナム・ギャルツェン［p.77］と、レントゥン・ソナム・ギャルツェンだった。

チャタンワ・ツルティム・サンポは、タクロンの大きな洞穴の中で亡くなった。その経緯は次の通りである。ある日の朝、チャタンワ・ツルティム・サンポは隠棲修行者たちを集めて、次のように言った。「私はいまからこの場を去る。あなたたちはこれからも注意深く修行を続けなさい。良し悪しは分別による判断にすぎない。概念に固執することなく、戯論《けろん》〔概念的思考、および概念的知識に基づいて行われる言論〕を離れ、すべてをあるがままにしておきなさい。さあ皆さん、自己の場所に戻りなさい」。

弟子たちは、それぞれの居場所に戻った。彼らは朝食を摂りながら、師は具合が悪いようだ、いまからどこに行かれるのだろう、と考えていた。朝食を終えて弟子たちが戻ると、チャタンワ・ツルティム・サンポは洞穴の支柱の前で背筋を伸ばして座ったまま亡くなっていた。彼は自分の死期を決めることができたのである。

5. 特別な成就

チャタンワ・ツルティム・サンポは「修正することなく、あるがままの状態に置き、断固たる決意を持って、瞑想に励みなさい」と説いた。偉大な瑜伽行者であった彼は、心と現象世界とが不二であることを知っていた。修行を続けるうちに、やがて知的な理解と悟りの体験とが、チャタンワ・ツルティム・サンポの中に同時に生じた。

(56) レントゥン・ソナム・ギャルツェン

1. 出自

ニャナン出身。氏族名はサンツァ、家名はレン。父はラマ・ツルティム・ギャルツェン、母はパ家出身のウンモ・ゼーセ（パサ・ウンモ・ゼーセ）。両親にはレントゥンの他に、娘が一人いた。レントゥン・ソナム・ギャルツェンは利発で、好奇心旺盛な少年だった。

2．師との出会い

八歳のとき、パ・ペルデン・サンポに連れられてラプクに行き、パ・ペルデン・サンポとテトゥン・ギャルツェンペルのもとで出家した。だが、彼にソナム・ギャルツェンという名を授けたのは、シェン・ソギャルペルだった。一一歳から『ガプパ』を学んだ。一二歳のとき父親が他界し、その後は一家の大黒柱として家族を支えた。そして二〇歳のとき、プランのチェプク・カルタプで、チャタンワ・ツルティム・サンポからシャンシュン・ニェンギュの教えを授かった。

チャタンワのもとで教えを受けている間、レントゥン・ソナム・ギャルツェンは様々なヴィジョンを体験した。だが彼は、それは自分の心が作り出したものだと考えていた。瞑想修行を続けるうちに、レントゥン・ソナム・ギャルツェンの知性は輝きを増し、やがてボン教の教義に関する優れた解説や著述を行うようになった。ボン教の教理を巡ってタゴム・イエシェ・ギャルツェンと議論したこともあった。またレントゥン・ソナム・ギャルツェンは当初、チャンブ[36]を用いた葬送儀礼を行っていなかった。キュンポ・ランドルはそのことを知り、「葬送儀礼というものは、あなたがこれから出会う人のために行うものだ。だから、あなたは死者のために、この儀礼を行わなければならない」と言って、レントゥン・ソナム・ギャルツェンに葬送儀礼の執行を勧めた。キュンポ・ランドルは彼のことを高く評価していた。

その後、レントゥン・ソナム・ギャルツェンは、すべての衆生を救うために活動するようになった。彼は西チベットに住む学識ある仏教徒やボン教徒の尊崇を集めた。プランのアヤ・ジョウォや、サンギュー、チャグ、ロ、ドルポの首領たち、またテの遊牧民たちも、レントゥン・ソナム・ギャルツェンのことを尊敬してやまなかった。

レントゥン・ソナム・ギャルツェンは四〇歳のとき［p.79］、パ・ペルデン・サンポに六種の薬草を六駄、馬を一三頭、種々の品物を五〇駄、黄金百ショ〔ショは貨幣の単位〕を贈り、トゥォ・ワンチェンの法類の灌頂《かんじょう》を授かった。ある朝、レントゥン・ソナム・ギャルツェンはさらに、女尊シーギャル・デルマル（マチョク・シーギャル・デルマル）の法類の灌頂を師に請うた。するとパ・ペルデン・サンポは、レントゥン・ソナム・ギャルツェンの頭上に女尊を象徴するトルマを置き、三叉戟《さんさげき》を手渡して、次のように言った。「これをしっかりと持っていなさい。あなたが呼べば、女尊はあなたのもとにやってくる。そして、あなたの命令に従うだろう」。パ・ペルデン・サンポの儀礼の作法は、レントゥン・ソナム・ギャルツェンを怯えさせた。しかし師に対する敬意はますます深まった。

3. 修行地

レントゥン・ソナム・ギャルツェンは、モンタンという人物がゲーキ・チワカルに建てた屋敷に招かれた。彼はそこで、ボン教の九乗の教法やゾクチェンの瞑想法を人びとに説き、利他行に邁進した。

4. 一般的な成就

パ・ペルデン・サンポが「家系が途絶えることは悲しいことだ。あなたは〔妻を迎えて〕在家タントラ行者になるべきかもしれない」［p.80］と言ったとき、レントゥン・ソナム・ギャルツェンは「もし家系が途絶えたら、私は寺とその財産をすべてパ家に譲ります」と言った。レントゥン・ソナム・ギャルツェンは俗世を離れた偉大な僧侶であり、パ家の有力な支援者でもあった。

レントゥン・ソナム・ギャルツェンは、ボン教の教えを国中に広め、またいくつかの書物を著した。[37] 彼のもとには各地から多くの人が集まり、弟子入りを志願した。レントゥン・ソナム・ギャルツェンは晩年、自分の人生を次のように振り返った。「私は出家したのち、ゲーキ・チワカルに居を据え、北の相続の伝統に則って、シャンシュン・ニェンギュの教えを実践した。またトゥウォ・ワンチェンの法類をはじめ、他にも多くの教説を学び、それを実践した」。

冬の第一月の八日、レントゥン・ソナム・ギャルツェンは、師パ・ペルデン・サンポのもとに行くと告げたあと、九七歳でこの世を去った。彼が亡くなったとき、空には虹がかかり、花の雨が降った。遺体は荼毘に付され、残った舎利は神聖視された。

5．特別な成就

レントゥン・ソナム・ギャルツェンの師は「良いものであれ、悪いものであれ、一切の事象は私たちの心の自発的な顕現であり［p.81］、独一なる心を離れて存在することはできない」と説いた。師の言葉を聞いた後、レントゥン・ソナム・ギャルツェンは、輪廻と涅槃における一切の事象は心が生み出したものにすぎないという、自分の理解に自信を持つようになった。

〝南の相続〟（lho brgyud）の系譜に連なる一〇人の導師たち

（57）ブムジェウー

1．出自

氏族名はヤガル。父はヤントゥン・シェーラプ・ギャルツェン、母はニャモ・タシ。夫婦にはブムジェウーとルダクパという二人の息子と、ジョチャムという娘がいた。父親が弟子たちに教えを説いているとき、ブムジェウーはそこに混じって父の教えを聞いていた。その頃からブムジェウーは、シャンシュン・ニェンギュの教説に対する批判に応えるために、また自分が抱いている疑念を晴らすために、シャンシュン・ニェンギュ以外の教えについても幅広い知識を身につける必要があると感じていた。彼はその後、ニマ・ギャルツェンに師事し、タントラやゾクチェン、哲学などについて広く学んだ。

父の死後、彼は母親から多くのことを学んだ。彼の母親は、タントラとゾクチェンの成就者だった。ブムジェウーは瞑想中、凡常の喜びを遙かに凌駕する大楽を体験し、しばしば気を失うことがあった。そんなとき、母親は［p.82］彼の耳元で「愛する我が子、ブムジェウーよ！　人びとのために、まだしなければならないことがたくさんありますよ！」と叫んだ。すると彼は意識を取り戻すのであった。

2. 師との出会い

ブムジェウーはある日、父の師オルゴム・クンドゥルのもとを訪れ、灌頂を授けて欲しいと頼んだ。オルゴムはブムジェウーにいくつかの教えを与えた後、「あなたは人の役に立つ人物になるだろう」と予言した。ブムジェウーが「シャンシュン・ニェンギュの教典を見せて欲しい」と言うと、オルゴムは「私は一冊も持っていない」と答えた。ブムジェウーはオルゴムの言葉を疑った。そんなことはあり得ない、私が何も贈り物をしなかったせいだ、と彼は思った。ブムジェウーが何度頼んでも、オルゴムは同じことを言い続けた。しかしある日、オルゴムはブムジェウーにシャンシュン・ニェンギュの口伝を授けた。ブムジェウーはそのとき初めて師の言葉を信じた。口授を終えた後、オルゴムは言った。「我が弟子よ！　私が与えた教えに従って修行をしなさい。そうすれば六年後、あなたはいくつかのことを体験するだろう」。
　その年の初秋、ブムジェウーは修行を開始した。しかし雑事に煩わされ、修行はしばしば中断された。冬になると、今度は商いが忙しくなり、目先のことばかりに追われる日々が続いた。彼は次第に惨《みじ》めな気持ちになった。ある日の晩、ブムジェウーは心に強く誓った。「このまま仕事を続けていても意味がない。師のそばにいればよかった。春になったら師のもとに戻り、シャンシュン・ニェンギュの修行を再開しよう」。その夜、ブムジェウーはとても心地よい夢を見た。彼は太陽の光に導かれながら、坂道を登っていた。坂の途中でウチューの花を摘み、それを覚者に捧げた。そして自分の髪にも花を挿し、手には花束を持っていた。[p.83]
　春が来て、ブムジェウーはオルゴム・クンドゥルのもとに戻った。そしてふたたび夢をみた。夢の中にオルゴムが現れた。オルゴムは、メリの法類の守護尊と同じ顔をしていた。目覚めた後、ブムジェウーはオルゴムにメリの法類の灌頂を請うた。するとオルゴムは「この灌頂儀礼では、実際に曼荼羅を造立する必要はない」と言って、一人で自室に籠もり、守護尊メリの瞑想を行った。そして翌日の早朝、ブムジェウーに灌頂を授けた。後日、オルゴムは次のような夢を見た。夢の中にロンベン・ツォティが住む山が現れた。その山は森に覆われていたが、木々の根元は動物に喰われていた。この夢は、オルゴムの弟子たちは多くの幸運に恵まれるが、その幸運は長続きしないことを暗示していた。また別の夢も見た。夢の中にオルトゥンが住む山が現れた。その山も森で覆われていたが、木々はみな腰のあたりで折れていた。この夢は、オルゴムの弟子たちは多くの幸運に恵まれるが、彼らはやがて師の障礙になることを示唆していた。これらのことはすべて、後に現実のものとなった。

しかし、オルゴムはある日、それまでとは違う山の夢を見た。その山の麓には岩が堆積し、山頂には草原が広がり、それ以外の場所は森で覆われていた。森の中にも岩があり、その岩からはヒマラヤ杉が生えていた。そして森の北西には、甘露が湧き出る泉があった。「この山には誰か住んでいるのか」と訊くと、「この山はあなたのものです」という声が聞こえた。この夢は、オルゴムの弟子たちが長生きし、人びとに利楽を与え続けることを暗示していた。夢から覚めるとオルゴムは「黄金は焼いても悪くならない（私の弟子は黄金に等しい）」と言って、ブムジェウーを讃えた。

その後、オルゴム・クンドゥルは、シャンシュン・ニェンギュの広説・中説・略説のすべてをブムジェウーに授けた。そして「あなたはもう、この教えを人に説いてもかまわない」と言った。[p.84] さらにオルゴムは二人の鬼神（ニパンセとメンモ）に祈りを捧げた後、次のように言った。「これでもう鬼神たちが嫉妬することはない。彼らは今後、あなたに寄り添い、あなたの活動を支援するだろう。私の人生は決して順風満帆ではなかった。あなたと同じように、私も悩み、苦しみながら生きてきた。あなたの父君、ヤントゥン・シェーラプ・ギャルツェンは、甚深なるシャンシュン・ニェンギュの教えを体得した唯一の人物だった。私はすっかり歳を取った。じきにこの世を去るだろう。あなたはいま、シャンシュン・ニェンギュの相承者となった。人びとはあなたから、多くの恵みを受け取ることになるだろう」。

オルゴムはさらに次のように続けた。「これらの備忘録を記憶力の乏しい人びとに示しなさい。備忘録は彼らの役に立つであろう。また、あなたはティーの法類についてもよく学び、いくらか実践しておいたほうが良い。そうすれば、また別の体験が得られる。何か問題があれば、いつでも私のところに戻ってきなさい。さあ、いまから行って、修行を始めなさい！」

ブムジェウーはその後、師の顔を象った小さな仮面をつくり、儀礼によって聖別した後、安置して懇《ねんご》ろに供養した。しばらくして、ブムジェウーがふたたびオルゴム・クンドゥルのもとを訪れようとしたとき、オルゴムは次のようなヴィジョンを体験した。タルゴとよく似た雪山があり、その前に平野が広がっていた。平野の中央には五光を放つ岩があり、その近くに立派な僧院が建っていた。オルゴムが「誰の僧院か」と尋ねると「あなたのもの」という声が聞こえた。ブムジェウーが到着すると、オルゴムはそのヴィジョンについて彼に語った。このヴィジョンは、ブムジェウーが将来、人の役に立つ人間になることを示す吉兆であった。

3. 修行地

ブムジェウーは一七年間、シャル・ゴンタに滞在した。その間、彼は誰とも会わなかった。ブムジェウーは、教えの灯りで人びとを正しく導き、寿命を全うしてこの世を去った。

4. 一般的な成就［p.85］

ブムジェウーが修行を開始すると、すぐに守護尊たちが姿を現した。ブムジェウーは修行を完成した後、守護尊たちの力を借りて、教えを破壊しようと企む敵たちを調伏した。あるとき、盗賊たちがブムジェウーの信徒たちを襲い、ブムジェウーが飼っていたヤクを殺害するという事件が起きた。そのとき信徒たちは、ヤクの遺体からトルマが突き出ているのを見た。ブムジェウーは優れた弟子の来訪を予知することができた。キュントゥン・ダンソンが持っていたチャンブが風に飛ばされ、ブムジェウーの前に飛来したこともあった。賢者デンパ・ナムカーは自著[38]の中で、ブムジェウーの出現を予言していた。これらの不可思議な出来事は、ブムジェウーが一切の悪業を根絶したがゆえに起こったのである。彼の時代以降、ロやドルポなどの地方、テの遊牧民たちの間に、シャンシュン・ニェンギュの教えが広まった。[p.86]

5. 特別な成就

師が教えを説くと、彼はすぐにその意味を理解し、体得した。彼は自分が覚者になることを確信していた。

（58）ルダクパ・タシ・ギャルツェン

1．出自

ブムジェウー（キャプションⅠ・57）の弟。若い頃からタントラを学んだ。チャグ出身のラントゥクマという女性と結婚し、在家行者となった。彼の一人息子も後に在家行者となった。

2. 師との出会い

息子が三歳になったとき、妻ラントゥクマが他界した。親戚はルダクパ・タシ・ギャルツェンに再婚を勧めたが、彼はそれを拒んだ。三三歳のときツァンに赴き、シェンチェン・イェシェ・ロドゥーのもとで出家した。その後、ニェモ・サンリ寺に滞在し、バタンのシャントゥン・ソナムペル、スムトゥン・ラブム、メンゴンワ（メンゴンワ・ドゥルワ・ロドゥー）[39]のもとでタントラを学んだ。シャンシュン・ニェンギュについては、兄ブムジェウーから口伝を授かった。ルダクパ・タシ・ギャルツェンは苦労してボン教を学んだ人だった。

3. 修行地 [p.87]

ムクレ・ガンダクの右方にあるルダクニェンを主な修行地とした。ルダクニェンは山や水の精霊が集まる地で、デンパ・ナムカーやシャンシュンの賢者たちが神聖視していた場所である。行者たちの間では、別の場所で一ヶ月、あるいは一年間修行をするよりも、ルダクニェンで一日瞑想をしたほうが効果的だといわれていた。ルダクパ・タシ・ギャルツェンは冬の第三月の二二日、「さあ、出発だ！」と言って、この世を去った。彼は病気に罹ることもなく、八五年の寿命を全うした。

4. 一般的な成就

瞑想修行に専念した結果、ルダクパ・タシ・ギャルツェンは次のような成就の証を得た。彼は自分の青い服を太陽光線に吊し掛けることができた。彼が持っていた金剛杵はニェンサ・タシと呼ばれ、自ら焔《ほのお》を放った。雨を降らして山火事を消すことができた。ルダクの魔鬼たちは、彼に洞窟を掘る道具を捧げた。ルダクパ・タシ・ギャルツェンは田畑に水を供給することができた。ディンリ・ガンツェンをはじめとする山々の神々は彼を敬い、彼の教えが土地に定着するのを助けた。［p.88］ルダクパ・タシ・ギャルツェンはのちに、クンサン・ギャルワ・ドゥーパ[40]と同一視されるようになった。彼はチベット語を話さない人びとをボン教徒にすることができた。

兄ブムジェウーは一七年間、〝洞穴という帽子を被った〟（一箇所に定住して修行した）が、弟のルダクパ・タシ・ギャルツェンは〝山谷を足跡で満たした〟（移動しながら修行を続けた）。プンセー・キュングーツェル[41]（一一七五年生）は、ルダクパ・タシ・ギャルツェンの出現を予言していた。ラトゥーにボン教が広まったのは、ルダクパ・タシ・ギャルツェンの功績によるところが大きい。

5. 特別な成就

師の教えを受けたあと、身体と言葉をあるがままの状態に置いて修行を続けた。その結果、ルダクパ・タシ・ギャルツェンは至福の悟りを体験し、やがてクンツ・サンポと合一した。

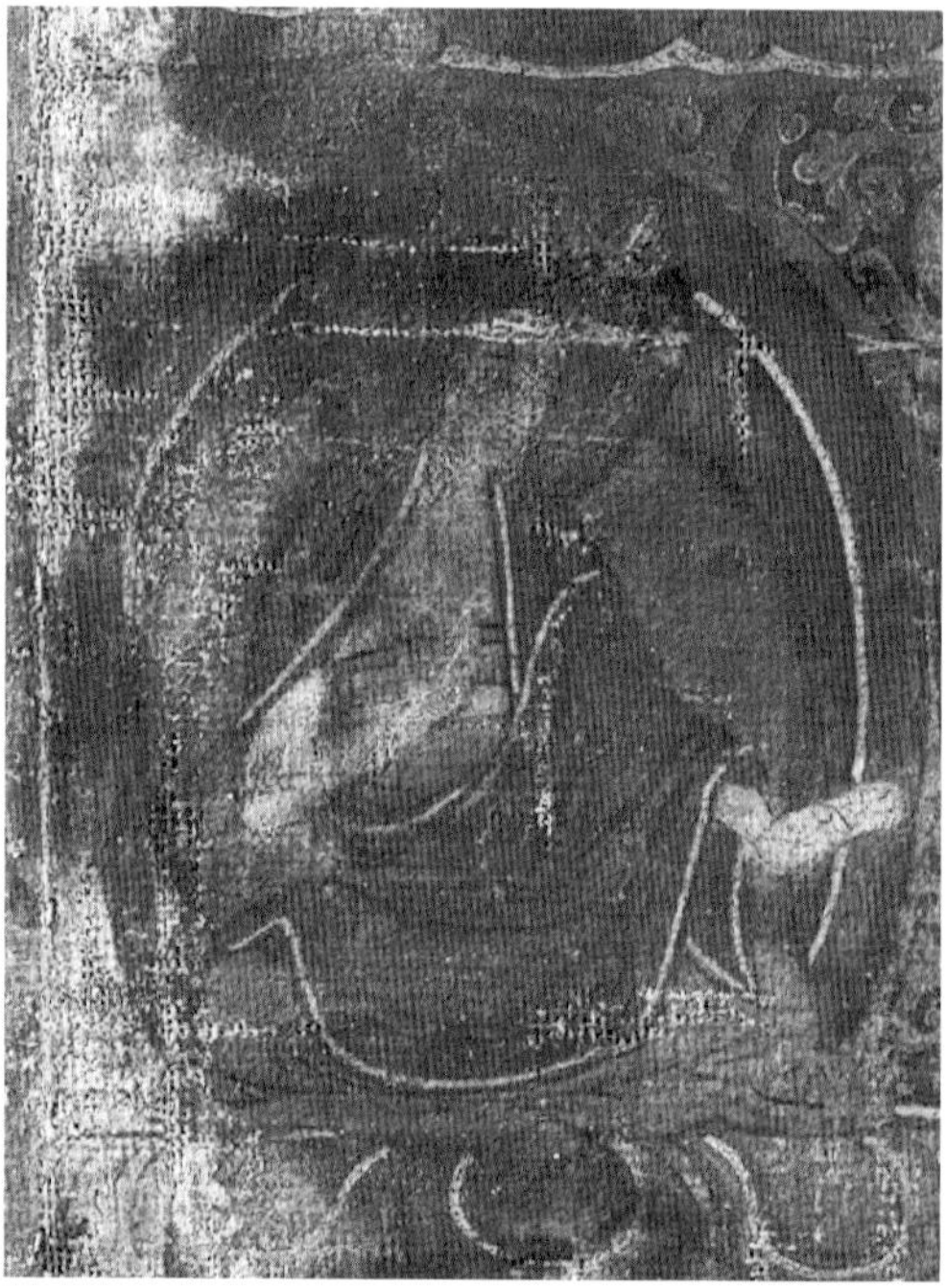

(59) トクデン・イエシェ・ギャルツェン

1. 出自

トクデン・イエシェ・ギャルツェンは、ルダクパ・タシ・ギャルツェンの甥であり、弟子であった。出身地はムーキ・タモ。父はオギェー・ロクポ、母はヤカル・ジョチャム。トクデン・イエシェ・ギャルツェンの父親は盗賊だったので、彼も若い頃は父親に付き従い、数々の窃盗や暴力に手を染めた。[p.89] ある日、占い師が「あなたは今度、胸の紅い青馬を手に入れる。その馬を私に与えなさい」と言った。しかし占いは全く当たらなかった。それどころか、激しい勢力間抗争の中で、彼の父親と仲間は殺害され、彼自身も重傷を負った。槍で突かれ、刀で斬られ、その場に倒れ込んだトクデン・イェシェ・ギャルツェンを見て、敵の男たちが言った。「こいつの目を見てみろ。血管のパターンに特徴がある。この男はオギェー・ロクポの息子じゃないか？　もう一撃くらわしておくか！」「いや、もういいだろう。こいつの腸はもう外に飛び出ている」。そう言って、男たちはその場を去った。その後、トクデン・イェシェ・ギャルツェンは、馬を引き連れてやってきた二人の召使いに救助された。彼の腸は押し戻され、皮膚は絹糸で縫合された。こうして彼は一命を取り留めた。その後、トクデン・イェシェ・ギャルツェンは父親の遺体を荼毘に付し、父の仇敵を討った。

2．師との出会い

トクデン・イェシェ・ギャルツェンはやがて、何度も繰り返される抗争と、それに伴う苦痛に嫌気が差すようになった。そこで彼は、まず読み書きを習おうと思い立ち、おじのブムジェウーのところに行った。しかしブムジェウーは、トクデン・イェシェ・ギャルツェンが〝言葉〟という単語の綴りを知らないことに驚き、彼を叱りつけた。動揺したトクデン・イェシェ・ギャルツェンは、ブムジェウーのもとを去り、もう一人のおじ、ルダクパ・タシ・ギャルツェンのところに行った。「ああ、先生。私は読み書きができません。私のような人間でも、悟りを開くことができる教えがあれば、それをどうか私にお授けください。このままでは、私は一生盗賊として生きていくしかありません」。すると、ルダクパは次のように言った。「シャンシュン・ニェンギュというゾクチェンの教えがある。クンツ・サンポの御心をじかに知るための教えだ。この教えは、文字を知らなくても学ぶことができる。犬の舌ほどの小さな紙切れも必要ない」[p.90]そう言うとルダクパは、灌頂・伝承・教導という手順を踏んで、〝独一相続〟のすべての教えを、トクデン・イェシェ・ギャルツェンに授けた。

2. 修行地

トクデン・イェシェ・ギャルツェンは、チツェル・タクゾンのセルツォク、バンツァンの洞窟、ハンショクのキェルパチェンなどの聖地で、一人で暮らした。そして寿命を全うし、この世を去った。

3. 一般的な成就

準備的な修行（前行）を始めるや否や、トクデン・イェシェ・ギャルツェンは、この世界をクンツ・サンポの世界として認識するようになった。また彼は強い意志と勇気を持っていたので、ルダクで敵の攻撃を受けたときも、それを制圧することができた。トクデン・イェシェ・ギャルツェンは神通力によって人びとの心を読み、人びとの行動を先読みした。死者の意識がいま、中有のどの状態にあるかを知ることができた。真理を体得し、高度な智慧を獲得したことにより、手を打ち鳴らすだけで建物を壊し、瀕死の状態にある幼児を救い[p.91]、不妊に悩む女性に生命を宿らせ、雹《ひょう》の嵐を追い払うことができた。〝一を知り、すべてを知る〟という原理に通じていたので、衒学者たちを簡単に論破することができた。彼の身体と言葉と思慮（身・口・意）は忿怒尊のそれのように威厳があり、人びとを圧倒した。

賢者デンパ・ナムカーは、トクデン・イェシェ・ギャルツェンが高い境地に達することを予言していた。

実際、彼は無数の優れた特質を獲得し、様々な成就の証を自在に示した。

4．特別な成就

シャンシュン・ニェンギュの〝独一相続〟の教えを受け取ったあと、トクデン・イェシェ・ギャルツェンはルダクで修行生活に入った。やがて教えの理解と悟りの体験が同時に顕れた。彼は真如が無自性であり、無因であり、言説を越えていることを知った。こうしてトクデン・イェシェ・ギャルツェンの意識は、デンパ・ナムカーの意識と同等のレヴェルに達した。

（60）ヤントゥン・ギャルツェン・リンチェン

1．出自

父はヤガル・プルパ、母はニャモ・クンキー。その昔、ドルポのヤガル家にラマ・ガクパという在家行者がいた。ラマ・ガクパの息子ヤガル・バースは、子供をもうけないまま二一歳の若さでこの世を去った。そのため、誰がヤガル家を継ぐかということが問題になった。この問題について話し合うために、ロやドルポ、その他の遊牧地から、ラマ・ガクパの弟子やボン教僧たちがサムリンに集まった。

「神聖な家系が途絶えることになりそうだ。皆さん、これからはあなたがた一人一人が、各地で教えを弘《ひろ》め、根付かせてください」。ラマ・ガクパはそう言いながら、儀礼具や衣服［p.92］、敷物など、ヤガル家の財物を人びとに分け与えた。人びとは涙しながらラマ・ガクパに問うた。「ああ、ラマよ。ヤガル家が最初に拠点を置いた地にも、ヤガル家を継ぐ方はおられないのでしょうか」。するとラマは「親戚にあたる者がいるにはいるが、見つかるかどうか。皆さんもご存じの通り、ボン教徒はどの土地でも目立たず、みな慎ましく暮らしている。この土地にも悪い人たちがいる。だから私の家族は長生きできないのだ」と答えた。

その後、年配の信徒たちがこの問題について話し合い、その結果、四人のボン教僧がツァン西部のタクツェ・チャリに派遣されることになった。四人のボン教僧はタクツェ・チャリを訪れ、ギャルツェン・リンチェンという八歳の少年を連れて帰還した。人びとは祝福の旗と日よけの傘を捧げ持ち、列をなして少年を出迎えた。ラマ・ガクパは少年を膝の上に乗せ、浄化と祝福の儀礼を行った。ロやドルポの寺院、遊牧民の居住区にある寺院など、全部で八〇の寺院から贈り物が届けられた。［p.92］少年はその後、二一歳になるまで長髪のタントラ行者として修行を積んだ。彼はマントラを唱え、内と外のタントラに説かれる修法を行じた。

2. 師との出会い

あるとき、トクデン・イェシェ・ギャルツェンはドルポのビチェルで、尊像を聖別する儀式を執行する計画を立てていた。そこで彼は、儀式の場所や日取りの吉凶を占わせるために、ロからゲシェー・キュングーとギャルツェン・リンチェンを招聘《しょうへい》した。ギャルツェン・リンチェンはビチェルに到着すると、トクデン・イェシェ・ギャルツェンにシャンシュン・ニェンギュの口伝を請うた。トクデン・イェシェ・ギャルツェンは「私はもう年寄りだ。[p.93] もういつ死んでもおかしくない。これからはあなたがこの教えを守りなさい」と言って、ギャルツェン・リンチェンにシャンシュン・ニェンギュの口伝を与えた。

シャンシュン・ニェンギュの口授は冬の午の月に始まり、ドルポやロの谷や峠を旅人が通行できるようになる春の終わりまで続いた。こうしてトクデン・イェシェ・ギャルツェンは、ギャルツェン・リンチェンにシャンシュン・ニェンギュのすべての教えを伝授した。

3．修行地

ヤントゥン・ギャルツェン・リンチェンは、ロのシリプや、ドルポ各地の僧院で暮らしたあと、デデン・サムテンリンに邸宅を建て、そこで六二歳まで生きた。[42]

4．一般的な成就

ヤントゥン・ギャルツェン・リンチェンの威厳に満ちた風貌と力強い眼差しは、王、貴族、僧侶たちを圧倒した。また彼は美声の持ち主であり、彼のマントラの朗唱は信徒たちを喜ばせた。〝仏陀の三つの身体〟（三仏身）が自己の心の諸相であることを知ったとき、彼の一切の思考は原初の智慧に変わった。〝風の楽〟と呼ばれる技術を身につけたことにより、一切の行為に功徳が具わるようになった。ヤントゥン・ギャルツェン・リンチェンは非常に慈悲深い人物であり、どんな偉業も容易《たやす》く成し遂げた。

ラトゥーには一七人の瑜伽行者が現れると予言されていた。ヤントゥン・ギャルツェン・リンチェンはその最後の一人だった。

5．特別な成就［p.94］

ヤントゥン・ギャルツェン・リンチェンは、不断の瞑想を通じて、苦楽の感情が無自性であることを悟り、〝平等の大楽〟と呼ばれる境地に達した。

（61）チクチュー・デーパ・シェーラプ

1．出自

父はソボン・トツェン、母はグンモギェン。ティセ山の神ラツェンとその神妃イオンマは、父母にチクチュー・デーパ・シェーラプの誕生を予言していた。チクチュー・デーパ・シェーラプは幼い頃から非常に聡明だった。彼が六歳のとき、母親が亡くなり、十三歳のとき、父親が他界した。彼の父は「私が死んだら、息子をヤガルのラマに預けよ」という遺言を残していた。父親の遺言に従って、チクチュー・デーパ・シェーラプはヤガルのラマに預けられた。彼はそこで出家し、顕教と密教の儀軌を学び、一九歳のとき、ラマの付き人になった。

ある日、ロ・バルツィクで、ドゥトゥン・ゲシェーとヤガル・トゥングーが殺害された。当時の社会では、罪を犯した者は罰金を支払うという取り決めがあった。ドルポの人びとはチクチュー・デーパ・シェーラプに罰金徴収の任務を委ねた。彼はこの任務を果たすためにロ・バルツィクに向かった。しかし、ユルフレにあるドゥツォの家に立ち寄った際、転倒して大怪我をしてしまった。はじめは痛みが激しかったが、薬療を続けるうちに次第に快方に向かった。その年の冬、ラマの家で療養生活を送りながら、チクチュー・デーパ・シェーラプはふと思った。「私はこうして寝ているだけ。誰の役にも立っていない。ところで、人びとは死というものを恐れているようだが［p.95］、考えてみれば、私は死というものにずいぶんと無頓着で、不注意な生き方をしてきた。もっといのちを大事にしよう。人生はあっという間だ。今から何か始めよう。世俗の生活にはもううんざりだ」。こうしてチクチュー・デーパ・シェーラプは、生と死について深く考察するようになった。そして死が身近なものであることに気づき、恐ろしい気持ちになった。この頃からチクチュー・デーパ・シェーラプは、ラマに祈りを捧げるようになった。そしてある日、彼は夢の中で、多くのボン教徒と女性たちが集う様子を見た。彼はこの夢を、自分が将来、会衆の前でボン教の教えを説く予兆だと解釈した。この夢を見たあと、チクチュー・デーパ・シェーラプは女尊シーギャル[43]から様々な予言を受けるようになった。瞑想中に突然、至福の体験を得ることもあった。

2. 師との出会い

チクチュー・デーパ・シェーラプは故郷への執着を捨て、いつ死が訪れても後悔しないように、シャンシュン・ニェンギュの教えを学ぶ決意を固めた。ある年の春、彼はラマのもとを訪れ、「私に灌頂を授けてください。ラマはシャンシュン・ニェンギュの相承者だと伺っています。どうか私にその教えをお授けください」と請うた。しかしラマは「あなたは不注意な人だ。だからそれはできない」と答えた。

その年の夏、チクチュー・デーパ・シェーラプは、サムリンでトゥクジェ・ニマの法類[44]の独習を始めた。彼は初心者には危険だとされているような場所、例えば墓場などでも瞑想修行を行った。瞑想中に原初の智慧をじかに体験し、「これこそが仏陀の御心だ」と思うこともあった。また、ヴィジョンを通じて瞑想に関する教示を得たこともあった。しかし、チクチュー・デーパ・シェーラプは師のもとで適切な指導を受けたことがなかったので、やがて自分がしていることに疑念を抱き、修行の進め方について不安を感じるようになった。

チクチュー・デーパ・シェーラプの様子を見ていた人びとは、彼の中で何かが変わったことに気づいた。チクチュー・デーパ・シェーラプは、ふたたびラマのもとを訪れた。するとラマは「あなたの余業を見てみよう」と言って、彼に『ジャンシュン・ニェンギュ』の経巻を開かせた。するとチクチュー・デーパ・シェーラプは［p.96］〝見解と修行とを離れ、痕跡を残さない行者…〟という言葉から始まるページを開いた。

「これは縁起が良い！」とラマは言った。

その年の秋、チクチュー・デーパ・シェーラプは自分の全財産を売り払った。その後、彼は重い病気に罹った。いろいろと治療を試みたが、効果は現れなかった。チクチュー・デーパ・シェーラプは死が近づきつつあることを知り、〝意識の移動〟〔転移〕のやり方を思い出そうとした。すると彼の前に守護尊が現れ、いくつかの指示を与えた。指示された通りに贖罪の儀式を執り行うと、病状は快方に向かった。

その後、チクチュー・デーパ・シェーラプは二四ショ〔単位〕のトルコ石をラマに贈り、ふたたび教えを請うた。するとラマは「私たちはまず、互いの夢について検討しなければならない」と言った。翌日、チクチュー・デーパ・シェーラプは自分が見た夢をラマに報告した。「真夜中にこんな夢を見ました。色の白い男が私に食べ物をくれたのですが、その食べ物は地面に落ちてしまいました。すると美しい女が現れて、〝無駄にしてはならない〟と言って食べ物を拾い、それを浄めたあと、私に渡しました。また明け方には別の夢を見ました。プンチェン・ツェンポが隠棲行者の帽子を持って私の前に現れました。彼は白い液体で満たされた杯を差し出し、〝これを飲め！〟と言いました。私はそれを飲み干しました」。

ラマは「私は夢の中で、首の部分が黄金で飾られた大きな仏塔を建て、それを聖化する儀礼を行った。これは素晴らしい！　あなたはこの口伝の相承者となるべき人物だ！」と言って喜んだ。ラマはその後、チクチュー・デーパ・シェーラプにシャンシュン・ニェンギュの教えを伝授した。

3．修行地

チクチュー・デーパ・シェーラプは一箇所に定住せず、次々に拠点を移した。ティセ山、マパン湖、ラクガル湖の周辺、グゲ［p.97］、ルトク、ジャランダラ、プラン、レミ、オムロ、ドルポ・ドゥスムなどの西チベットの土地、中央チベット各地の聖地、そして南はモンユルのブムタン（ブータン）から、北はナムツォ・チュクモ湖周辺まで、各地で瞑想を行った。チクチュー・デーパ・シェーラプは、晩年は病に苦しむこともなく、七三歳でこの世を去った。

4．一般的な成就

チクチュー・デーパ・シェーラプは若い頃から世界を幻影と見なし、修行者の手助けをする女尊・空行母から様々な予言を受けていた。彼の瞑想は非常に堅固であり、いったん瞑想に入ると昼夜を超えて瞑想の状態が続いた。彼は智慧の眼を持っていたので、如来の世界と六道輪廻の世界をありありと見ることができた。明知を自在にコントロールし、食事を摂らずに瞑想を続け、四大〔地・水・火・風の四元素〕を食物に変えることができた。種々のタントラの種々の修行を完成し、多くの守護尊の姿を目の当たりにした。普通の人が三日かけて歩く距離を半日で移動することができた。瞑想の中で自己の視覚世界をコントロールし、自己の内部と外部に顕れた魔鬼を調伏することができた。衆生の幸福のために力を尽くし、ボン教の教えを弘めた。人びとの業を見極め、障礙を取り除き、人びとを瞑想の状態へといざなうことができた。チクチュー・デーパ・シェーラプは、人びとのために働くことで、自己の願望を成就した。また彼は「多様なるものは一味である」〔p.98〕ということを理解していたので、何かを選び取り、何かを捨てるということがなかった。真の持明者が持つ身体と言葉と思慮〔身・口・意〕を具え、〝虚空〟と〝心の本態の次元〟と〝真理の領域〟の三つ[45]が一体であることを知り、仏陀の三身を目の当たりにした。彼は特に賢者ツェワン・リクジンから加持を受け、この甚深なる口伝の導師となった。チクチュー・デーパ・シェーラプは教義の勝幢《しょうどう》〔煩悩や迷いに打ち勝ったことを示す旗〕を掲げ、その名声ははるか遠方まで及んだ。

5．特別な成就

シャンシュン・ニェンギュの教えを受けた後、チクチュー・デーパ・シェーラプはサムリンで修行生活に入った。修行を始めると、現象世界における様々な妄念はおのずと止滅していった。種々の事象に対する執着が断ち切られると、現象世界には因がなく、実体がなく、根がないことが分かった。そして彼の意識に顕れる世界は、悟りの世界へと変貌を遂げた。こうしてチクチュー・デーパ・シェーラプの意識は、ツェワン・リクジンのそれと不二になった。

（62）ドゥ・ギャルワ・ユンドゥン

1．出自

ドゥ・ギャルワ・ユンドゥン（一二四二―一二九〇）はイェール・ウェンサカ出身。氏族名はドゥ。父はドゥシャ・ソナム・ギャルツェン。四人兄弟の三男で、化身と見なされていた。彼は幼い頃から多くの学問に触れ、八歳でボン教聖典『ズープク』を学んだ。その後、おじのドゥ・ツェンデン・ドゥルワ（ドゥ・ドゥルワ・リンポチェ、一二三九―一二九三）のもとで出家し、ギャルワ・ユンドゥンという名を授かった。ドゥ・

ギャルワ・ユンドゥンは、誓いを固く守る人だった。[p.99] ドゥ・ドゥルワ・リンポチェは、ドゥ・ギャルワ・ユンドゥンに様々な教えを授け、高度な瞑想法についても初歩的な指導を行った。ドゥ・ギャルワ・ユンドゥンは教えをひたむきに実践した。彼はのちに「私はまず出家し、人前でも、一人でいるときも、しっかりと誓いを守った。次に正しい順序で、注意深く教えを学んだ。そして最後に、清らかなる真如の顔を見た。私が人びとから敬われているとすれば、それは我が師のおかげである」と語った。またドゥ・ギャルワ・ユンドゥンは、イルトゥン・キュングーツェル[46]（生年一一七五年）のいとこにあたるイルトゥン・ナムカー・ソナムや、ルントゥン・ラニェン[47]（一一世紀頃）の後裔になるルンゴム・タシ・ギャルツェン、またマトゥン・シージン[48]（生年一〇九二年）の後裔マトゥン・ダンソンからも灌頂を受けた。

チクチュー・デーパ・シェーラプは、中央チベットの寺院や、修行者たちが隠棲する土地や、聖山などを巡り歩き、五五歳のとき、ロダクでドゥ・ツェンデン・ドゥルワと出会った。ツェンデン・ドゥルワはデーパ・シェーラプにアティの瞑想法[49]を教え、無垢倶生[50]の灌頂を授けた。灌頂儀礼が行われている間、偶然にもシャンシュン・ニェンギュのことが話題にのぼった。そのときツェンデン・ドゥルワは次のように言った。「デーパ・シェーラプよ。あなたはシャンシュン・ニェンギュのすべての教えを受持《じゅじ》している。私にその教えを授けて欲しいところだが、私はもう、その教えを実践することはできないだろう。私は歳を取りすぎてしまった。あなたはその教えを、ドゥ・ギャルワ・ユンドゥンに伝えなさい」[p.100]

2．師との出会い

デーパ・シェーラプはその後、ナムツォ湖を訪れ、そしてウェンサカに到った。ドゥ・ギャルワ・ユンドゥンは彼を自宅に招き、次のように語った。「デーパ・シェーラプよ。シャンシュン・ニェンギュは非常に特別な教えです。なぜならこの教えは、導師から導師へと、途切れることなく、口頭で伝授されてきたからです。またシャンシュン・ニェンギュの教典は、これまで地中に埋蔵されたことがありません。これは、その〝加持の霧〟を消さないようにするためです。私はシャンシュン・ニェンギュという言葉を聞き、その教典を見たとき、この教えに惹きつけられました。そして、シャンシュン・ニェンギュの教えを知る何人かの師のもとを訪れ、いくらかの教示を受けることができました。しかし、この教説の真の伝持者は、ヤガルのラマ、ギャルツェン・リンチェンであると聞きました。そこで私は使者を遣わし、何錠かの丸薬をラマに献上して、教えを請いました。しかしラマが私に与えてくれたのは、教えのほんの一部だけでした。ラマの手紙には次のように綴られていました。〝シャンシュン・ニェンギュの教えを伝授するということは、体験を伝授するということに他ならない。それゆえ、この教えは直接口頭で伝授しなければならない。しかし、私たちは遠く離れた土地に住んでいるので、実際に会うのは困難である。また、この教えは〈独一相続〉の教えであり、初期の賢者たちがこの教えを相承した時代は、書き記すことさえも厳しく禁じられていた。ところで、私には弟子が一人いる。彼は、独一相続の伝統に従って〈体験の相続〉を相承した唯一の人物である。あなたは彼に会いなさい〟と。この手紙にある〝弟子〟とは、あなたのことに違いありません。また私は、ツェンデン・ドゥルワからも手紙を受け取りました。その手紙にも〝デーパ・シェーラプは、シャンシュン・ニェンギュの継承者である。彼に教えを請いなさい〟と記されていました」。[p.101]

その後、デーパ・シェーラプとドゥ・ギャルワ・ユンドゥンは、シャンシュン・ニェンギュについて大いに語り合った。デーパ・シェーラプは、ドゥ・ギャルワ・ユンドゥンとその二人の弟子、即ちロプン・

メウンとメニャク・リンダクに灌頂を授けた。灌頂儀礼が終わったあと、ドゥ・ギャルワは「シャンシュン・ニェンギュには、文字によって汚されることなく相承されてきた〝体験の相続〟という教えがあると聞いています。それはどんな教えでしょうか？」と尋ねた。するとデーパ・シェーラプは「私はもう一粒の胡麻も持っていない。いま授けた灌頂で十分だ」と答えた。デーパ・シェーラプは非常に厳格な人だった。

しかし、ドゥ・ギャルワはあきらめなかった。彼はデーパ・シェーラプに、ドルポのサムリン寺の座主から受け取った手紙の内容を繰り返し語り聞かせ、自分と二人の弟子たちが授かった教えは不十分なものだと主張した。そのうえでドゥ・ギャルワは、「デーパ・シェーラプよ。あなたは〝体験の相続〟の相承者です。その教えをどうかお授けください」と何度も繰り返し懇願した。するとデーパ・シェーラプは次のように答えた。「あなたが望むならそうしよう。だが、そのためにはまず、シャンシュン・ニェンギュの伝統に従い、弟子の名前や行状、身体の徴《しるし》などについて調べなければならない。また、師と弟子は互いの夢を報告し合い、その内容を検討しなければならない。ただし、あなたの場合、すべての項目について詳しく調べる必要はないだろう。とにかく今夜、守護尊に祈りを捧げ、それから少なくとも、私たちが見た夢を報告し合い、その内容について検討することにしよう」。

後日、デーパ・シェーラプは夢の中で、ヤルツェ・ハウ山の谷によく似た風景を見た。谷は木々に覆われ、花々で飾られていた。そして一五、六歳くらいの、宝石を身につけた美しい少女たちが、果実やクシャ草を背負って、谷を降りていた。彼女たちの前方にはウェンサカ寺が見えた。ウェンサカ寺の寺域には、あちこちで果樹が育ち、果樹がない所には少女たちが果物をばらまいていた。寺の南方にも果樹林があり、樹々が花を咲かせていた。谷の中央にはダムカリの泉に似た泉があり、泉の上手には三人のボン教徒の姿が見えた。彼らはトルマと呼ばれる供物を作り、諸尊を供養していた（＊チベット語原文ではこのあと「修行地」「一般的な成就」の記述が続く。以下の文章は、原文では「特別な成就」の中に見える）。一方、ドゥ・ギャルワも夢の中で、樹々と花々に覆われた谷の風景を見た。彼はその谷にある建物の屋上に立ち、旗を掲げ、法螺《ほら》貝を吹き、四方に花を撒いていた。

3．修行地

ドゥ・ギャルワ・ユンドゥンは、イェール・カルナの岩山や、ラゴン・ユンポなど、各地の聖地で修行を行った。ドゥ・ギャルワはのちに「過去の賢者たちを崇敬することで、私の中に教説に対する信頼や、修行を継続する強い意志が生まれた。そして私は概念的思考から解放された」と語っている。彼の内部に原初の智慧が顕れたとき、まず〝二元論的思考〟の流れが断たれた。次に〝自然成就の（他に依ることなくおのずと成立した）原初の土台〟から放たれた光明を体験し、音・光・光線などの現象が本来の姿を顕した。これらの現象はやがて、無自性の状態へと解き放たれていった。そして最後に、仏陀の三身を目の当たりにし、守護尊ツォチョクの姿を見た。［p.103］ドゥ・ギャルワは少なくとも一〇冊の書物を著した。その中にはシャンシュン・ニェンギュに関する重要な著作[51]も含まれている。彼は多くの人びとを教化し、成熟させ、救済へと導き、四九歳でこの世を去った。

4．一般的な成就

ドゥ・ギャルワ・ユンドゥンの出現は、予言書の中に記されていた。

5. 特別な成就

夢の徴はすべて良好であり、シャンシュン・ニェンギュの守護尊たちが不満を漏らすことはなかった。デーパ・シェーラプはその後、ドゥ・ギャルワの二人の付き人をその場から退去させ、ドゥ・ギャルワだけに〝体験の相続〟の教えを伝授した。師から教えを受け取ったあと、ドゥ・ギャルワは、今後は独一相続の伝統を固守し、金銭と引き替えに教えを説いたり、要人だからという理由で教説を授けることはしないと誓った。彼は師の教えに全幅の信頼を寄せ、満ち足りていた。以後、教説や修行の進め方についてドゥ・ギャルワが抱いていた迷いや疑念は、蜘蛛の巣が取り払われるように消え去った。[p.104] ドゥ・ギャルワ以前、シャンシュン・ニェンギュの教えはあまり知られていなかったが、彼の尽力により、その教説は広く知られるようになった。

（63）ラトゥー・リワ・シェルロ

1．出自

ラトゥー・リワ・シェルロの出身地はドルポであり、氏族名はサンである。彼は若い頃から信心深く、慈悲深く、無常を思う心が深かった。

2．師との出会い

ラトゥー・リワ・シェルロは、チクチュー・デーパ・シェーラプとドゥ・ギャルワ・ユンドゥンに会い、両師から〝言葉の相続〟と〝体験の相続〟の教えを授かった。

3. 修行地

ラトゥー・リワ・シェルロは、西チベットのガリ三地域、中央チベット、カムのツァワガンを巡り歩き、各地の聖山、寺院、修行者の隠棲地で修行を行った。ある年の冬、彼はパ・ラプクに滞在し、そこでパ・ナムカー・サンポに教えを説いた。そして春になるとトゥルキュの僧院に移り、そこで多くの弟子たちを導き、彼らを大きく成長させた。リワ・シェルロの弟子には、キュンポ・ランドル・ラマ・ギャルツェンや、セゴム・サムテン・ギャルツェンなどがいる。弟子たちは教義の旗を掲げるまでに成長した。リワ・シェルロは寿命を全うし、この世を去った。

4. 一般的な成就

ラトゥー・リワ・シェルロは、晩年になってもシャンシュン・ニェンギュの聴聞と講説を続け[p.105]、〝光明〟[52]、〝脈〟、〝風〟の実践を継続した。彼はシャンシュン・ニェンギュの卓越した修行者だった。

5. 特別な成就

ラトゥー・リワ・シェルロは、一切の俗事から離れ、瞑想の状態を自然に持続させることができた。そして、主体と客体という二項対立的なものの見方を克服し、自他不二を体験し、自己の明知を目の当たりにした。彼はこうして〝不動の真如〟を悟った。

(64) キュンポ・ランドル・ラマ・ギャルツェン

1. 出自

キュンポ・ランドル・ラマ・ギャルツェンは、寅年にセリー・ルギャルのツェルルンで生まれた。氏族名はキュンポ。父はトウースン、母はティサ・タシキーである。

キュンポ・ランドル・ラマ・ギャルツェンは一五歳のとき、世の無常を憂い［p.106］、山中で隠棲生活を始めた。人びとは彼のことを狂人と呼び、悪い魔鬼に取り憑かれたのだと考えた。身内の者たちは、キュンポ・ランドル・ラマ・ギャルツェンに護符を持たせ、魔除けの儀礼を受けさせた。しかし彼の精神はいたって健全であり、儀礼書の暗唱ができるほどだった。

2. 師との出会い

キュンポ・ランドル・ラマ・ギャルツェンは一七歳のとき、ラスム・チャデルのもとで受戒し、在家信徒となった。そして付き人として、ラスム・チャデルの身の回りの世話をするようになった。ラスム・チャデルは「この狂人はいつか、人の役に立つ人間になるだろう」と、よく口にしていた。ラスム・チャデルが説いた教えを、キュンポ・ランドル・ラマ・ギャルツェンはすぐに理解した。二四歳のとき、中央チベットの諸寺に遊学した。そしてスムトゥン・ダクパ・サンポ、シュイエ・イエシェ・ギャルツェン、パ・ペルデン・サンポのもとで出家し、彼らからボン教の種々の法類の灌頂を授かった。彼は諸師が説く教えを、心ゆくまで堪能した。その後、ティセ山の麓に赴き、ツラ・ウーセル・ギャルツェンからチューの修法を授かった。キュンポ・ランドル・ラマ・ギャルツェンはこのように、様々な師のもとで学んだが、彼にシャンシュン・ニェンギュの教えを授けたのは、ドシューのトゥルキュ寺に滞在していたリワ・シェルロであった。このほか、キュンポ・ランドル・ラマ・ギャルツェンはヴィジョンを通じて、タピ・フリツァやナンシェル・ルーポからも様々な予言を授かった。

またキュンポ・ランドル・ラマ・ギャルツェンは、タルゴ山のニマルン谷に滞在していたとき、グル・

ユンテン・センゲのもとで二つの重要なゾクチェン教典[53]の教えを学んだ。[p.107] その後、瞑想中に様々な瑞兆が顕れるようになった。この頃から人前でゾクチェンの瞑想法を講説する習慣が始まった。

3．修行地

キュンポ・ランドル・ラマ・ギャルツェンは、三〇歳を過ぎた頃から聖地を巡り歩くようになった。チャリ・ツクデン山近郊にある修行者たちの隠棲地にも、たびたび滞在した。彼は瑜伽行者の粗末な身なりをしていたが、シュ家、シェン家、パ家、メゥ家[54]などの名家に縁のある由緒正しい寺院でも尊敬を集めた。キュンポ・ランドル・ラマ・ギャルツェンは、山谷のいたるところでボン教の教えを説いた。

4．一般的な成就

キュンポ・ランドル・ラマ・ギャルツェンは眠っている間、気息と心を一体化させることができた。そのため睡眠中、彼の体はまったく動かなかった。彼はタルゴ・ツァルティクに足跡を残した。ラプクの自室から飛翔した。隠棲修行者の地タクリロンに滞在していたとき、人が人を殺め、人が野生のヤクに殺される様子を、遠方から透視した。キュンポ・ランドル・ラマ・ギャルツェンは中央チベットを二度訪れ、ツォンカパ・ロブサン・ダクパ（一三五七―一四一九）と七日間にわたって議論を行い、彼に敬意を表した。ツェル・グンタンでパドマサンバヴァを讃える〝一〇日祭〟が行われたとき、仏教徒の論客が各地から来集し、キュンポ・ランドル・ラマ・ギャルツェンに問答勝負を挑んだ。しかし問答の最中、キュンポ・ランドル・ラマ・ギャルツェンの内部に明知が顕れたので[p.108]、誰も彼に太刀打ちできなかった。仏教徒たちは「彼はボン教徒でない。仏教徒の長老だ。彼から教えを受けよう」と言って、鉢と座具を携えてキュンポ・ランドル・ラマ・ギャルツェンのもとに集まり、礼拝を始めた。また彼は、ミラレパが滞在した場所を特定し、ミラレパが残した不思議な活動の痕跡を発見した。

キュンポ・ランドル・ラマ・ギャルツェンは、ツェンデン・イェシェ・ギャルツェンのもとで、『ガプパ』『ズープク』『セムルン』[55]を学んだあと、衆生のためにその教えを弘めた。

5. 特別な成就

キュンポ・ランドル・ラマ・ギャルツェンが相承した教法は、女尊イェシェ・ワルモによって守護された。イェシェ・ワルモは、まるで母親のように彼の身の回りの世話を焼き、ときおり彼の前に姿を現した。イェシェ・ワルモは、キュンポ・ランドル・ラマ・ギャルツェンに接し、その姿を見た者は誰でも、救済へ導かれることになるだろうと予言した。またキュンポ・ランドル・ラマ・ギャルツェンは、ボン教のゾクチェンを説き広めた功績でも知られる。「私は苦行や修行によって明知を獲得したのではない。明知はラ、シェン、シー[56]の世界からやってくる。明知を知らない愚かなボン教徒や仏教徒たちが、私に議論を挑んでくるのを、私は不思議に感じていた。問答勝負に挑むのであれば、負けてはならない」彼はそう言っていた。

キュンポ・ランドル・ラマ・ギャルツェンは、化身にふさわしい威厳と風格を具えていた。彼はあらゆる幻影を制圧した。毒を七回食べても何の問題もなかった。［p.109］彼の身体には仏陀の一族の身体的特徴が具わっていた。キュンポ・ランドル・ラマ・ギャルツェンが教えを説くと、花の雨が降った。タルゴ・ツァルティクの硬い岩に足跡を残した。剣などの武器を素手で切断することができた。彼は弟子たちに、多くの教典を引用しながら論理的に教えを説き、決して疲労することがなかった。キュンポ・ランドル・ラマ・ギャルツェンは、自分の手のひらを見るようにして他者の心を読み取り、神通力によって強盗を制圧し、遊牧民たちを軍勢から守った。守護尊たちは、彼を敵視し、彼に危害を加えようとする者を見つけると、自ら進んで神通力を行使し、彼らを速やかに駆逐した。キュンポ・ランドル・ラマ・ギャルツェンの信奉者たちの中には、彼に死者との交信を依頼する者もあった。彼は、接したことのあるすべての人びとと、目にしたことのあるすべての人たちのために祈った。彼は意図的にではなく自然に人びとを教化し、魔鬼たちの心を支配し、そしてボン教の勝幢を掲げた。（＊以下は本来「一般的な成就」に記されるべきものである）

キュンポ・ランドル・ラマ・ギャルツェンの一番弟子は、カルツァ・ソナム・ロドゥーであった。[57]

（65）アトク・イエシェ・リンチェン

1．出自

アトク・イエシェ・リンチェンは、ウェンサカで生まれた。幼い頃から聡明で、多くの教典を学んだ。彼はやがて導師となり、〝アトク・トンパ〟（アトク先生）と呼ばれるようになった。彼はドゥ・ギャルワの付き人であった。

2. 師との出会い

アトク・イェシェ・リンチェンがドゥ・ギャルワの付き人だった頃、ナムツォ湖の巡礼を終えたチクチュー・デーパ・シェーラプが［p.110］ドゥ・ギャルワのところにやってきた。先述の通り、ドゥ・ギャルワはここで、デーパ・シェーラプにシャンシュン・ニェンギュの教えを請うた。ドゥ・ギャルワは、メウンやメニャク・リンダクに退席を命じたあと、デーパ・シェーラプに向かって「シャンシュン・ニェンギュには、文字によって汚されたことがない〝独一相続〞の教えがあるといいます」と切り出し、さらに次のように続けた。

「私はサムリン寺の座主ヤガルから一通の手紙を受け取りました。その手紙には、あなたが甚深なる〝独一相続〞の教えの継承者だと記されています。こうしてお目にかかれるなんて、実に幸運なことです！」

これに対し、デーパ・シェーラプは次のように答えた。「あなたが教えの伝授を望むなら、いろいろと調べなければならないことがある。私たちであれば特に問題はないと想うが、一応、徴を調べておくことにしよう。徴が良好であれば、それで結構。だが、徴が悪ければ、教えを授ける側も教えを受ける側も、共に罰を受けることになる」。

その後、夢の徴を調べたところ、結果は良好であった。そこでデーパ・シェーラプは、アトク・イェシェ・リンチェンに退席を命じたのち、ドゥ・ギャルワに教えを授けた。さらに後日、今度はアトク・イェシェ・リンチェンがデーパ・シェーラプに教えを請うた。するとデーパ・シェーラプは、ドゥ・ギャルワに向かって次のように言った。「私は〝言葉の相続〞の教えの相承者だ。アトクにはこの教えを受け取る資格があり、また法統の守護者たちもアトクの出現を予言していた。しかし、これは〝独一相続〞の教えである。私はこの教えを二人に伝えることはできない。だがドゥ・ギャルワよ、あなたならアトクにこの教えを伝えることができる」。デーパ・シェーラプの言葉を受け、ドゥ・ギャルワはシャンシュン・ニェンギュの教法をアトクに伝授した。

3．修行地

アトク・イェシェ・リンチェンは、ツァワ・ガントゥーで暮らしていた。彼はケンツェ[58]の観想と供養を続けることによって［p.111］聡明な智力と豊かな学識を身につけた。アトクは一一〇歳のとき、カルツァ・ソナム・ロドゥーと出会った。カルツァ・ソナム・ロドゥーはその後、アトクの弟子となった。アトクは小柄な男性だったので、衣服に関しては綿布一枚だけ、また食事に関しては一日に一回、少量のツァンパとミルクを摂るだけで事足りた。

アトク・イェシェ・リンチェンとカルツァ・ソナム・ロドゥーは五年間、生活を共にした。ある日、アトクは次のように言った。「カルツァよ。私はあなたに関する予言を受け取った。私はいまから、これまで誰にも説いたことがない教えを、あなたに授けることにしよう」。こうしてアトクは、シャンシュン・ニェンギュの全教説を、カルツァ・ソナム・ロドゥーに説いた。伝授を終えると、アトクは「カルツァよ、あなたは幸運な人だ。今後は教説の守護尊ギャルポとメンモが、あなたを守り、助けてくれるだろう」と述べた。アトクはその後、一二〇歳まで生きた。

4．一般的な成就

アトク・イェシェ・リンチェンは四大元素を自在に操ることができたので、種々の不思議な現象を引き起こすことができた。また〝脈〟〝精滴〟〝風〟の修法を成就し、明妃（女性のパートナー）の力を借りながら修行を続けた。そして不思議な諸力を手に入れ、やがて悟りの境地に達した。

5．特別な成就

師はアトク・イェシェ・リンチェンに次のように言った。「〝独一相続〟の法統が途切れることはない。この教えの次の相伝者については、守護尊たちが教えてくれるだろう。[p.112] あなたは、お金や名声のために、この教えを説いてはならない」。実際、そうした行為は厳しく禁じられていた。

ドゥ・ギャルワがアトク・イェシェ・リンチェンに〝独一相続〟の教えを授けたとき、アトクの意識の中で輪廻と涅槃は粉と水のように混ざり合い、不二となった。そしてアトクは〝完全なる母〟と出会い、概念的思考によって仮構された世界と離別した。後年、アトクは弟子カルツァに向かって次のように述べた。「誰に何と言われようと、私は二人の師（ドゥ・ギャルワとデーパ・シェーラプ）から受けた恩義を決して忘れない。カルツァよ。私はこの大事な教えを、あなただけに伝えたのだ」。

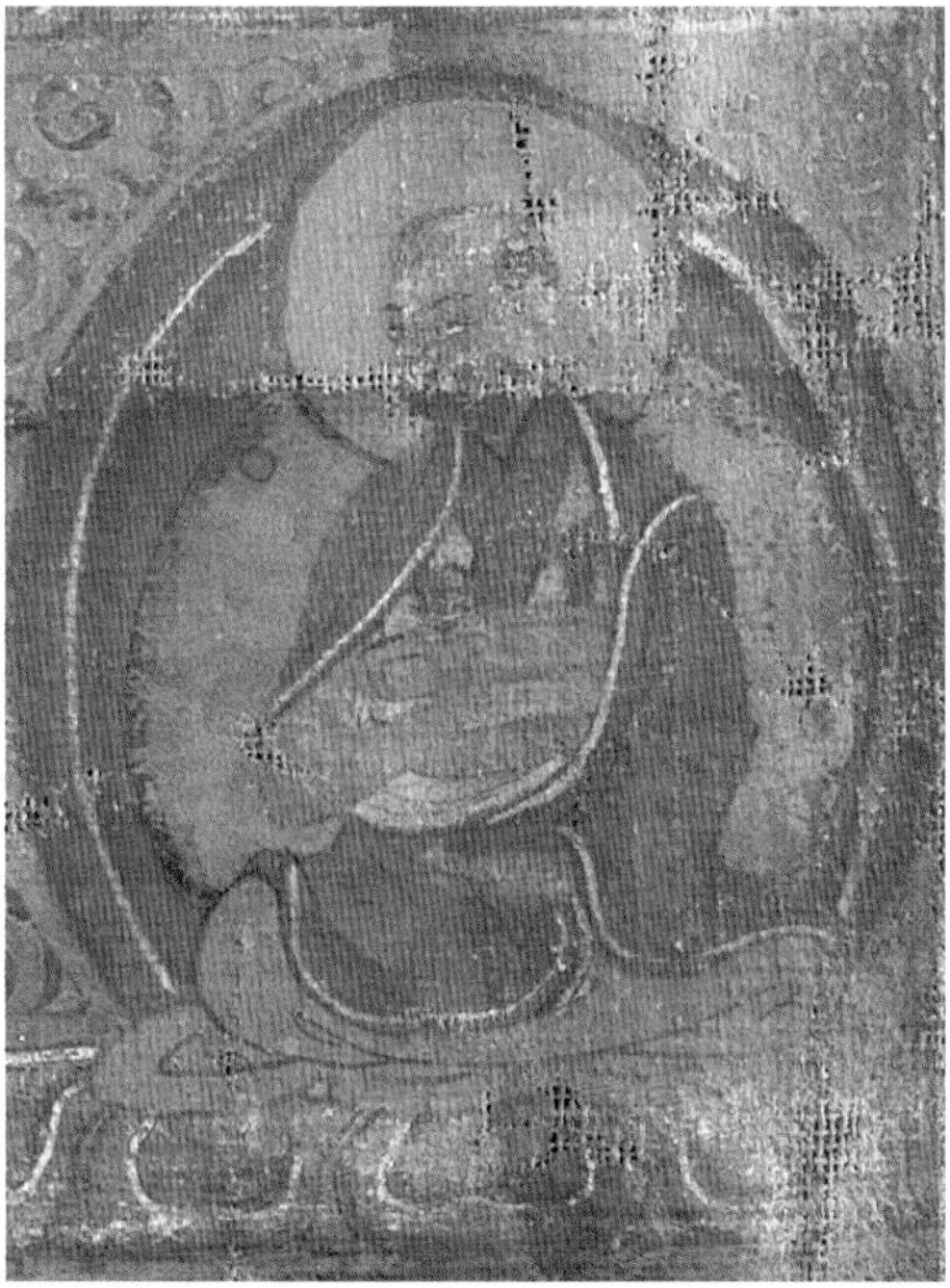

(66) カルツァ・ソナム・ロドゥー

1. 出自

カルツァ・ソナム・ロドゥーは、ドメー(アムド)のギュードゥで生まれた。氏族名はカルツァ。父はトウォヤク、母はパクモタル。カルツァは五人兄弟の次男だった。幼少の頃から読み書きが得意で、やがて〝因のボン〟、即ちボン教の占いや医学に通じるようになった。カルツァは一一歳で結婚した。彼は豪放な性格で、悪事に手を染めることも多く、人びとからギョル、すなわち〝喧嘩をふっかける男〟とあだ名されるほどだった。しかし、カルツァはやがて自分のしてきたことを後悔するようになった。彼は改悛し、ワルセー・キュンナク[59]の真言を三三万七千回唱えた。すると、鬼神たちが彼の命令に従うようになった。ワルセー・キュンナクの加持を受けた者は、病気や魔鬼を追い払い、俗世を厭う心を起こし、夢の中で未来を予見することができるようになるのである。

ある年の秋、カルツァ・ソナム・ロドゥーはヤクを盗み、泉の近くでそれを屠《ほふ》った。そして日が沈んだあと、ヤクの皮をかぶり、その場で眠った。すると夢の中に賢者ツェワン・リクジンが現れ、次のように言った。[p.113]「カルツァよ。僅かな人びとを救おうとするよりも、まずはボン教の教えを学びなさい。ボン教は〝大きな乗り物〟。多くの人びとを救済へと導く王道だ」。翌朝、二人の男がヤクを探しながら、泉のそばにやってきた。「ヤクを連れ去ったのは、ギョルかもしれない」。彼らはカルツァのことを恐れていた。カルツァは彼らの前に飛び出し、笑いながら言った。「前世であれば、私は三つの武器（矢・槍・剣）を持ってお前たちと闘っていたことだろう。だが今は違う。ここにある武器を全部持っていけ！」。以後、カルツァは山の上で暮らすようになった。ある日の晩、カルツァの前に白い神が現れた。それはシャンシュン・ニェンギュの最初の導師、クンツ・サンポだった。この出来事のあと、カルツァは不思議な光や光線、音響を体験するようになった。それらの現象が意味するものを、彼は理解していた。当時、カルツァはまだ俗人だったが、すでに特別な能力を具えていたのである。

2．師との出会い

カルツァ・ソナム・ロドゥーは、ドメーに住むアシャ・ソナム・ギャルツェンのもとで、アティの瞑想法を学び、トクデン・キャンツェのもとで『無垢倶生』の瞑想法を、ツルティム・ウーセルのもとで『シャルウェー・トゥンデル』[60]の瞑想法を、ラクシ・イェシェ・ギャルツェンのもとで『ドゥンミ・ボンチュー』[61]の瞑想法を学んだ。またカルツァは、シャンシュン・ニェンギュの口伝を授かったとされる人物には必ず会い、彼らから教えを受けた。[p.114]彼は、チクチュー・デーパ・シェーラプの弟子トラ・シェーラプペルとイェシェ・ジンギャルのもとで学び、また、リワ・シェルロの弟子キュンポ・ランドルとセゴム・ウラルワからも教えを受けた。

　先述の通り、ドゥ・ギャルワがデーパ・シェーラプにシャンシュン・ニェンギュの教えを請うたとき、アトク・イェシェ・リンチェンはドゥ・ギャルワの付き人をしていた。デーパ・シェーラプは、ドゥ・ギャルワとアトクに様々な教えを説いたが、二人が同席する場で〝独一相続〟の教えを説くことはなかった。ドゥ・ギャルワが「デーパ・シェーラプよ。私の付き人のアトクにも〝独一相続〟の教えをお授けください」と頼んだとき、デーパ・シェーラプは「守護尊からの許可は得られているし、アトクには教えを受ける資格もある。だが私にはできないのだ。ドゥ・ギャルワよ、あなたがアトクに教えを授けなさい」と述べた。デーパ・シェーラプの言葉を受けて、ドゥ・ギャルワはアトクに向かって言った。「私は〝独一相続〟の相承者となった。アトクよ、私はいま、この教えをあなたに授けよう!」。このとき、アトクは自分に相承者としての資質があることを知った。そして同時に、少々不安な気持ちにもなった。

　アトク・イェシェ・リンチェンはその後、ドゥ・ギャルワの付き人の仕事から解放された。そしてカルツァ・ソナム・ロドゥーは、前世から引き継がれた善業の力により、アトクと巡り会った。カルツァはアトクのもとで五年間、シャンシュン・ニェンギュのタントラと瞑想法を学んだ。カルツァはアトクのことを、最も重要な師と見なしていた。カルツァがシャンシュン・ニェンギュの教えに通じ、その修行を完成した人物であったことは間違いない。

カルツァ・ソナム・ロドゥーは、クユクパの弟子ターシ・マヤブと、カダム・イェシェ・ウーセルのもとで出家し、ソナム・ロドゥという名前を授かった。彼は戒律を遵守し、具足戒を受け、徳高き僧侶となった。[p.115] カルツァ・ソナム・ロドゥーは、理論と実践とが一致する生き方を貫いた人であった。

3. 修行地

カルツァ・ソナム・ロドゥーは、寺院や聖地で苦行を行った。食べ物がないときは、土を食べることもあった。彼は常に瞑想の状態にとどまり、〝一点を注視する看法〟を止めることがなかった。カルツァは東西各地を巡遊しながらボン教を説いたので、〝河流の如き瑜伽行者〟とも呼ばれた。数百人もの瞑想家たちの前で教えを説くことも、鳥たちに瞑想法を説くこともあった。カルツァは書物もいくつか著した[62]。各地に弟子を持ち、弟子の中には人びとの役に立つ者もいた。カルツァ・ソナム・ロドゥーは晩年、〝独一相続〟に属する教えを含め、〝言葉の相続〟と〝体験の相続〟のすべての教えを、パ・テンギャル・サンポに伝授した。そして寿命を全うし、七〇歳でこの世を去った。死期を察知したとき、カルツァは付き人たちに向かって次のように言った。「私はセルギャルの地で、この肉体という網から解き放たれる。皆さん、祈祷に必要な道具と、薪を準備しなさい。さあ出発だ!」。そしてセルギャルに到着した後、次のように述べた。「私は歳を取ったが、まだまだ元気だ。私は自己のために修行を続け、他者のために教えを説いてきた。シャンシュン・ニェンギュの導師たちの加持のおかげで、多くの人びとを幸せにすることができた。私の教えを三度聞いた者は、地獄に堕ちることがない。私の教えに少し触れただけでも、心の汚れは浄められる。［p.116］だが、私の遺体が荼毘に付されたあと、その遺骨に何か特別な力が宿ることは、決してない」。

4．一般的な成就

カルツァ・ソナム・ロドゥーは、四大元素を自在に操ることができた。彼の身体は歳を取っても若々しいままで、水に沈むことがなかった。硬い岩に足跡を残し、千里眼を有し、〝脈〟や〝風〟の動きをじかに見ることができた。カルツァの周りにはいつも、シャンシュン・ニェンギュの守護尊たちが仕えていた。

5．特別な成就

アトク・イェシェ・リンチェンから〝独一相続〟の教えを相承した三日後、カルツァ・ソナム・ロドゥーは〝概念的思考によって仮構された世界観（戯論の相）〟を離れ、執着の縛りから解かれ、〝偉大なる無我〟と呼ばれる境地を体験した。

＊＊＊

プンチェン・ツェンポ（三一頁のキャプションⅠ・41）は、グゲ・シェーラプ・ロデ（キャプションⅠ・42）と、プンチェン・ルンドゥプ・ムトゥル（キャプションⅠ・67、および図Ⅱ〔二六頁〕参照）に、シャンシュン・ニェンギュの教えを伝えた。それゆえ、プンチェン・ツェンポ以後、法統は二つ（〝下の流儀〟と〝上の流儀〟）に分岐することとなった。

〝下の流儀〟（smad lugs）を相承した五人の導師たち

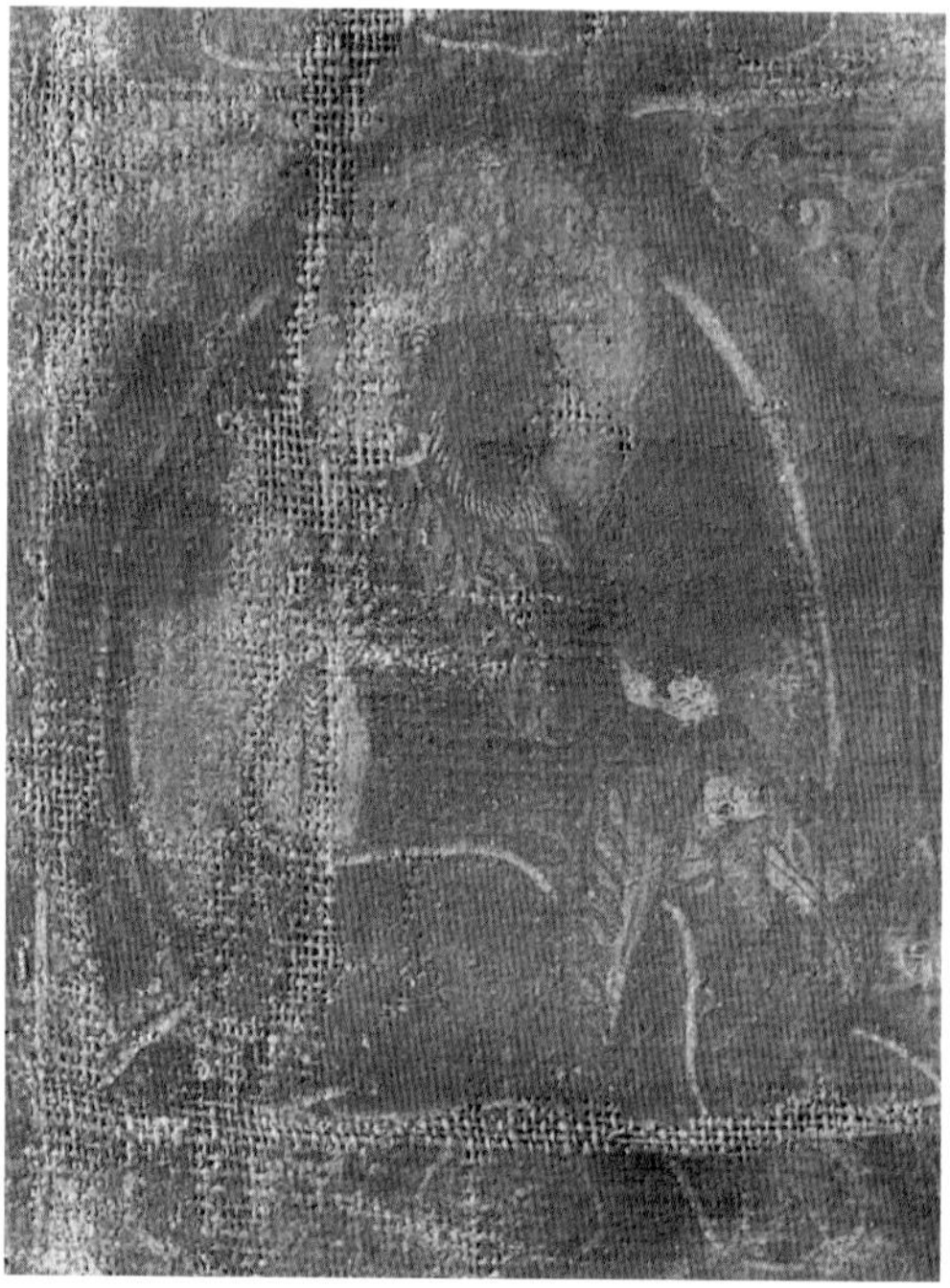

（67）プンチェン・ルンドゥプ・ムトゥル

1．出自

プンチェン・ルンドゥプ・ムトゥルの氏族名はキュンポであり、父はキュンチ・ドゥプペー・ギャルポ、母はギェルロサ・ナンシードゥンである。

2．師との出会い

プンチェン・ルンドゥプ・ムトゥルの師プンチェン・ツェンポは、イェール・シャンの山の上で暮らしていた。プンチェン・ルンドゥプ・ムトゥルは少年の頃、ヤクの世話をするためにユルン・リンモの谷を訪れ、そこで偶然、プンチェン・ツェンポと出会った。プンチェン・ツェンポは小柄な男性で、瑜伽行者の身なりをし、隠棲修行者の帽子を被り、青い服を身に纏い、足は裸足だった。そして教典が入った小さな袋を右の背中で背負い、袋の紐を左肩から右脇の下に通して、腰に巻き付けていた。手には、水供養の際に用いる鉄製の匙と器を持っていた。

「どこからいらしたのですか？」。プンチェン・ルンドゥプ・ムトゥルが尋ねると、行者は「少年よ。私には〝ここから来た〟という場所がない」と答えた。「これからどこへ行くのですか？」「少年よ。私には〝そこに行く〟という場所がない」「あなたは、いまどこにいるのですか？」「少年よ。私にはとどまる場所がない」「あなたは聖者ですね！」[p.39]「決してそのようなものではない」。行者が青い服を着ているのを見て、「聖者よ、あなたはボン教徒ですか？」と尋ねると、行者は「特定することはできない」と答えた。「聖者よ、あなたは靴を履いていませんね。僕の靴をあげるよ！」「少年よ、自分の靴は自分が履くものだ。私の靴は擦り切れたから、もう何も履かないのだよ」。

プンチェン・ルンドゥプ・ムトゥルの体は、行者に対する畏敬の念で震えていた。「私に灌頂を授けてください」とルンドゥプが請うと、行者は「君が被ってるのは、灌頂を受けた人が被る帽子だ。だから君もボン教徒だ」と答えた。「はい、僕はボン教徒です!」「君が住んでる土地には、ボン教徒はどれくらい居るかね?」。少年は、自分の両親がボン教徒であることや、ボン教について知っていることを行者に話した。

「君の両親にもいつか会えるだろう」と瑜伽行者が言うと、少年は「私の両親に会ってもらえますか?」と言った。「ご両親に会うことはできるが、今は会わないほうが良いかもしれない。今は君だけに灌頂を授けよう」「何か必要なものはありますか?」「初物のチャンと食物、金と銀の粉末、それから絹がいくらか必要だ」。

プンチェン・ルンドゥプ・ムトゥルは必要なものを集めて、瑜伽行者のところに戻ってきた。行者はルンドゥプに灌頂を与え、タントラなどの教えを伝授した。午の月には二人で、トルマと呼ばれる供物を用いて、供養の儀式を行った。

その後、行者はその場を立ち去った。

行者と別れたあと、プンチェン・ルンドゥプ・ムトゥルは、三つのことを後悔した。[p.40] 一つ目は、行者からもっと多くのことを学べたはずなのに、限られた教えだけで満足してしまったこと。彼はそれを永久に後悔した。二つ目は、行者の教えを信じて修行を始めた後、修行中に生じる様々な問題や疑問について、行者に直接質問することができなくなってしまったこと。それが今生《こんじょう》の大きな後悔となった。三つ目は、ティーガク[63]の灌頂を受けただけで、シャンシュン・ニェンギュについては十分な教導を受けることができなかったこと。彼はそれを来世で後悔した。

3. 修行地

プンチェン・ルンドゥプ・ムトゥルは、イェール・シャンとユンポで暮らした。彼は自分の年齢を明かさなかった。

4. 一般的な成就

プンチェン・ルンドゥプ・ムトゥルは、白ヤギを守護尊ニパンセに捧げていたので、ヤギ飼いを雇う必要がなかった。また白い雌ヤクを女尊メン・クマに捧げていたので、ヤクの世話をする牧夫を雇う必要がなかった。また彼は、赤いツォ[64]を空に向けて矢のように投じることができた。

5. 特別な成就

師から〝体験の相続〟の教えを授かった後、プンチェン・ルンドゥプ・ムトゥルはタントラの修行に没頭した。彼は守護尊に変身することができた。

（68）シェンギャル・ラツェ

1. 出自

シェンギャル・ラツェはルンドゥプ・ムトゥルの弟子だった。また両者は、師を同じくする同門の友でもあった。父はシェン・バルワ・ランナク。母親は彼が幼い頃に亡くなった。

2．師との出会い

母を失ったあと、シェンギャル・ラツェは継子《ままこ》いじめに苦しんだ。彼は継母のことを嫌い、いつか魔力を身につけて復讐をしてやろうと考えていた。そして或る日、シェンギャルは家族のもとを去り、魔力を手に入れるために旅に出た。旅の途中、骰子遊びをする人びとと会った。シェンギャルがその様子を見ていると、一人の男が「魔力が欲しけりゃ、ルンドゥプ・ムトゥルに聞いてみな！　先生は山ほど魔力を持っている！」という掛け声とともに骰子を投げた。シェンギャルは驚いて「その先生はどこにいますか？」と尋ねた。男は「この谷の上にいるよ」と答えた。「本当に魔法の力を持ってるの？」「そりゃ、たいしたもんさ。先生は、自分が飼っているヤクの世話を白ヤクに任せているんだ。ヒツジやヤギの世話だって、群れの中にいる白ヤギがやってるよ。それに先生は、赤いツォの矢で敵を撃つんだ。召使いが要らないから、いつも一人でいるのさ」。シェンギャルはその先生に会いたくなった。彼が「誰か一緒に行ってくれませんか？」と言うと、人びとは「無理だね。先生は立派な犬を二匹飼っているから怖いんだ。近くに泉があるから、そこで先生が来るのをじっと待つしかないよ」と答えた。

シェンギャル・ラツェは彼らの助言に従った。泉のそばで待っていると、女が水を汲みに来た。彼は女に話しかけ、自分の素性を明かしたうえで、水汲みの手伝いをしたいと申し出た。女は「お願いします」と答えたが、心の中では、どうせ途中で音を上げるだろうと思っていた。シェンギャルは何でも言われた通りにすると約束した。彼はヤクの糞を拾い集め、それを畑まで運んで肥料として撒いた。シェンギャルは懸命に働いた。ある日、女が言った。「あなたは先生のためにとてもよく働きました。もう働く必要はありません」。[p.42]シェンギャルが「その方のことは伺っております。先生はどこへ行かれたのですか？」

と訊くと、女は「先生はトルマ供養をするために、あるところに行きました。それが終わったらお戻りになられるでしょう」と答えた。

数日後、ルンドゥプ・ムトゥルが戻ってきた。シェンギャル・ラツェは自分が抱えている悩みをすべて、ルンドゥプに打ち明けた。ルンドゥプは話を聞き終えると「少年よ。それで君はいったい、何をしたいのかね？」と問うた。「魔法の力を身につけて、私を苦しめた継母に仕返しがしたいのです」とシェンギャルは答えた。するとルンドゥプは「君の継母がしたことは、うちのヤクが隣家のヤクの群れに紛れ込んだという程度の話だ。たいしたことじゃない」と言った。そのあと、二人はいろいろなことを話し合った。シェンギャルが「先生の師はどこにお住まいの方ですか？」と尋ねると、ルンドゥプは「それは誰にも言わない。私の師はプンチェン・ツェンポだ。師は自分の寿命を操ることができる。次回は午の月に会うことになっている。君にも紹介しよう」と言った。実はこれよりも前、プンチェン・ツェンポは、ルンドゥプが魔法に興味を持つ者と出会うことになるだろうと予言していた。そして「その少年には、瞑想の教えを受ける資格がある。彼が来たら、私のところに連れてきなさい」と命じていた。

シェンギャル・ラツェはついに、プンチェン・ツェンポとの面会を果たした。プンチェン・ツェンポは「あなたの継母はあなたの良き友となる。あなたは瞑想に向いている」と言った。そしてシェンギャルに灌頂を授け、〝体験の相続〟に属する特別な教えを説いた後、「あなたは将来、ユンドゥン・ラツェという名前の寺を建て、キバルという名の施主《せしゅ》〔寺や僧に物を施す人〕を得ることになるだろう」と予言した。

またプンチェン・ツェンポは、シェンギャル・ラツェに次のように教えた。「ゾクチェンの真義の理解度には、三つの等級がある。第一の等級は、面識がある人と再会したときのように、真義を完全に理解した段階。第二の等級は、いまだ仮定にとどまっているような段階。[p.43] そして第三の等級は、理解しているのかしていないのか、それすらも分からない段階である。第一の等級に達するためには、いま、私があなたにしているように、瑜伽行者から直接口伝を受けなければならない。埋蔵教典[65]の教えを学ぶ者は、第二の段階にとどまっている。学問のみを為す者は、第三の段階から抜け出すことはできない。口伝を受けずに、〝存在の本質〟(gzhi) や〝救済の道〟(lam) について、あれこれ議論しても意味がない。こんな諺《ことわざ》がある。「口先だけの〝存在の本質〟の教えは、ロバの鳴き声の如し。口先だけの〝救済の道〟の教えは、自分の巣を探して飛び回るチャティ鳥[66]の如し。瑜伽行者の体験に基づく教えは、磨かれた黄金の如し」。

プンチェン・ツェンポはその後、カッコウに変身し、魔鬼を調伏するためにタジク[67]へ向かった。

3. 修行地

シェンギャル・ラツェは、シャン・シェルダクの洞穴で三年間、瞑想修行に従事した。その際、次のような詩を詠《うた》った。

財産は火打ち鎌と鉄碗だけで良いと思うようになったのは、
宝珠は幻だと知ったからではなかろうか？
衣服は一着だけで良いと思うようになったのは、
良悪の判別から解き放たれたからではなかろうか？
渇きを潤す水は枯山《かれやま》の冷水だけで良いと思うようになったのは、

欲望が尽きたからではなかろうか？
これらのことを想うとき、私の心は喜ぶ。
それは、私の中に信心が生まれたからではなかろうか？
為すべきことがなく、私の心は穏やか。
それは、私が自信を得たからではなかろうか？

その後、プンチェン・ツェンポが予言した通り［p.44］、シェンギャル・ラツェは施主キバルの支援を受け、ユンドゥン・ラツェ山に寺を創建した。彼は一一三歳まで生きた。

4．一般的な成就

コンツン・デモやメン・クマなどの精霊は、自ら進んでシェンギャル・ラツェの身の回りの世話をした。また、彼が着た服を家に置いておくだけで、子供が死ぬのを防ぐことができ、ヨーグルトやチャンがうまく発酵した。シェンギャル・ラツェが滞在した土地の土や石には、人びとを病や雹の嵐から守る力が宿った。彼は毒水を飲んでも害を受けず、ツォを矢のように撃つことができた。

5．特別な成就

シャンシュン・ニェンギュの教えを受けるや否や、シェンギャル・ラツェはすぐに悟りを開いた。

(69) ロムティン・ラゴム・カルポ

1. 出自

ロムティン・ラゴム・カルポの氏族名はオルである。彼の父ロムティン・アツァラは〝因のボン〟に通じていた。八歳のとき［p.45］、ラゴムは父親に向かって「〝村の儀礼〟は学びたくない、あれは〝犬のボン〟だ」と言った。父親はラゴムの顔を平手打ちして「王様のような暮らしができるのは〝村の儀礼〟のおかげだ。村の儀礼が嫌なら〝虎のボン〟でもしていろ！」と言った。

2．師との出会い

ロムティン・ラゴム・カルポは一三年間、ボン教を学び、二三歳になった頃には、豊かな学識を身につけていた。あるとき、彼は黒糖を二頭の馬に載せ、ニェレに住む施主の家に向かった。翌年に修行が終わるので、その祝い酒の醸造を依頼するためだった。道中、ラゴムはある老夫婦の家に泊まった。そして翌日の早朝、出発の準備をしていると、老夫婦の話し声が聞こえてきた。「婆さんや、ごらんなさい。あの御方がお出かけになる。チャンをいくらか差し上げなさい。私たちもユンドゥン・ラツェに行って、供物を捧げることにしよう」。ラゴムが「あの方はどなたですか？」と尋ねると、老人は「ご存じないのですか？あの御方はユンドゥン・ラツェといって、化身のラマですよ！」と答えた。

その名前を聞いたとき、ロムティン・ラゴム・カルポは強い畏敬の念に打たれ、全身が強張《こわば》るのを感じた。彼は施主の所に行くのを中止し、そのラマに会いに行くことにした。そしてラマのもとに着くと、彼は二本の反物で作った座具をラマに捧げ、二百ショのトルコ石を繋げた首飾りをラマの首に掛けた。さらに二頭の馬や黒糖など、自分の持ち物を次々に献上した。ユンドゥン・ラツェが「あなたの望みは何か？」と訊いたので、ラゴムは「私に灌頂を授けてください」と答えた。するとラマは「あなたが望んでいるのは、この灌頂のことかな？」と言って、即座に瞑想に入った。[p.46] そして「精髄を持する師は、それを適切な弟子に授けるべきである。それゆえ、私はあなたに〝大印契[68]〟の灌頂を授けよう」と述べて、ラゴムの頭上で手を三度振り動かし、「今日はこれで宜しい」と言った。

それから三年間、ロムティン・ラゴム・カルポはラマのもとで、タントラとゾクチェンのすべての教えを学んだ。ある日、ラマは次のように語った。「シャンシュン・ニェンギュの伝統では、相承者の資質を調べるために、五つのことを吟味しなければならない。即ち、身体的特徴、肌の色、名前と氏族名、行状、夢である。ラゴムよ、あなたはこれらすべての点において良好である」。

「身体的特徴について言えば、左の掌に〝鷲《わし》の完全なる通路〟があり、鼻先は上に向いている。肌は青く、眼は赤い。それから、ラグーという君の名前には、他の影響を受けないという意味がある。また君は、品行方正で、堅実かつ不屈、そして勤勉であり、まるでゲ・マサン神の子か、食人鬼の子のようだ。いずれも良好だ！」。次にラマは、自分が見た夢について語った。「四方に向けて黄金の太鼓を打ち鳴らす夢を見た。そして私は、虎の皮でできた勝幢を掲げ、大きなラッパを全方位に向かって吹き鳴らし、獰猛な獣の口を縛り、野生のヤクの角を持ち、四方に絹幡を揚げていた。夢の徴もすべて良好だ。さあ、私が相承したすべての教えを、あなたに授けよう！」

ロムティン・ラゴム・カルポは「私にはもう、ラマへ献上できるものがありません」と言いつつ、まず六〇の大麦を、次にその半分の量を、師に捧げた。そして次のような詩を詠じた。

私、瞑想家ラゴムは、三三歳のとき、隠棲修行者になった。
親愛なる両親は、五妙欲に執着することがなかった。
どこを指差しても、私はそこを故郷にすることができる。
どうか私が、この教えを無駄にすることがありませんように。

3. 修行地

ロムティン・ラゴム・カルポは人生の大半を放浪者として過ごした。彼は〝空性[69]には局所性がない〟という信念を体現するために、特定の場所にとどまることがなかった。しかしハキュヤーキャ山にはしばしば滞在し、また師の前で立てた誓願を成就するために、パド・タクツァンの洞穴や、ダンラのナムケーチェンの洞穴にもしばらく住んだ。そして予言された通り、九七歳のとき、キモ・マルモィ・タンでこの世を去った。

4. 一般的な成就

ロムティン・ラゴム・カルポは、敵に向けてツォの矢を放ち、敵対者や悪意ある魔鬼の上に雷雨を降らすことができた。これは彼が五大元素を支配していた証である。また彼は麦粉を練ってカエルを作り、それを金剛杭で脅かして鳴かせ、雹を降らせることができた。そして降り積もった雹を叱り、それに呪詛をかけることで、雹の嵐を追い払うことができた。ロムティン・ラゴム・カルポは、水上に敷いた布の上に座ってドク川を渡ることができたので[p.48]、もしツァンポ川に投げ込まれても恐れを感じることはなかっただろう。これは彼が水の元素を支配していた証である。どんな武器もロムティン・ラゴム・カルポを傷つけることはできなかった。これは彼が地の元素を支配していた証である。ロムティン・ラゴム・カルポは北方の平原で、排尿と同時に尿が凍ってしまうような午の月に、体に露を付けたまま裸で過ごすことができた。これは彼が風の元素を支配していた証である。

ロムティン・ラゴム・カルポの教えを聞いたタクリロンという女尊は、まるで召使いのように彼に仕えた。これは彼が人間以外の存在を支配する力を持っていた証である。

5. 特別な成就

師から教えを授かったあと、ロムティン・ラゴム・カルポはパド・タクツァンでその教えを実修し、やがて悟りを得た。

(70) グドゥプ・ギャルツェン・リンモ

1．出自［p.49］

グドゥプ・ギャルツェン・リンモは、父オルボン・ラブム、母メンモ・チューセの間に生まれた。

彼は四人兄弟の次男だった。

2．師との出会い

グドゥプ・ギャルツェン・リンモは、幼い頃からラマ〔ロムティン・ラゴム・カルポ〕の教えを聞いて育った。ラマは彼の剃髪を手伝い、その成長を見守った。そして彼が僧侶になったとき、ラマはその宴のために二〇杯分のチャンを用意し、彼にメリ[70]の儀軌を説いた。しかしグドゥプはその後、結婚して一人の息子をもうけた。

ある日、グドゥプ・ギャルツェン・リンモは「輪廻から逃れるための教えを、私にお授けください」とラマに請うた。

すると、ラマは浮かぬ顔をして次のように言った。「妻を一人娶《めと》れば、一駄の蕎麦の実を背負うことになる。息子を一人もうければ、邪鬼を一人養うことになる。だから、あなたが今生で悟りを得るのは難しいだろう。私はあなたにタントラの教えを説いた。その教えに従いなさい。あるいは、肩甲骨を使った占い〔卜骨《ぼっこつ》〕を生業にしてもいい。そうすればもっと楽に暮らせるだろう。金持ちになれば、あなたは自分の牧場をより多くの馬や牛で満たすことができるはずだ」。

グドゥプ・ギャルツェン・リンモは、ラマの提案に腹を立てた。[p.50]「ボン教の口伝を受け継いでいるのはあなただけです！　あなたが授けてくれないなら、私は仏教徒から口伝を受けます！」

「ああ、それは素晴らしいことだ。昨日、偉大な瞑想家リンチェンバルが、灌頂の謝礼として二ショの黄金を置いていった。これを持って行きなさい」。

グドゥプ・ギャルツェン・リンモは家に帰り、家族が所有していたチャマ・チェンモと呼ばれる広大な土地を売り払った。そして妻に三サンの黄金と一駄の羊毛を渡して、次のように言った。「私は学問をするために、これから家を出る。だが必ず戻ってくる。それまで息子の面倒と、畑の世話を頼む」。
ク゚ードゥプ・ギャルツェン・リンモはその後、ギャプグパ[71]のもとで仏教論理学と仏教哲学を学んだ。そしてシャタクに移り、シャンのチェチュンワのもとでゾクチェンの教典[72]を学んだ。ちょうどその頃、ラマ・ラゴム〔ロムティン・ラゴム・カルポ〕は、ク゚ードゥプ・ギャルツェン・リンモの妻のもとを訪ね、彼女に次のような助言を与えた。「息子を連れてク゚ードゥプに会いに行きなさい。坊やの髪を剃り、あなたは黄色い服に着替えなさい。そして、私のこの青い服を持って行きなさい。この服は、私がク゚ードゥプにシャンシュン・ニェンギュの教えを伝える意志があることを示す証拠となる。そして彼を連れて、ここに戻ってきなさい」。

妻と子は身支度をして旅立った。二人は各地を巡礼しながら、ク゚ードゥプ・ギャルツェン・リンモを探した。そしてある寺を訪問したとき、五体投地をする僧侶の集団を見た。その集団の先頭には、在家タントラ行者の身なりをした人がいた。彼らはその行者がク゚ードゥプであることに気づいた。

二人はク゚ードゥプ・ギャルツェン・リンモのそばに近づき、涙を流した。ク゚ードゥプが「ラマは元気か？」と尋ねると[p.50]、妻は「ラマはあなたに瞑想の教えを授けるので、帰ってきなさいとおっしゃっています」と答えた。「そんなはずはない！」と言うと、妻はラマの青い服を見せて「これは、ラマが証拠として私たちに持たせたものです」と言った。彼は妻の言葉を信じ、ラマのもとに戻った。

ク゚ードゥプ・ギャルツェン・リンモはその後、ラマ・ラゴムと哲学的な議論を行った。しかし、どうしても師を論破することができなかった。ラマは次のように言った。「あなたが聴聞した教えには偏りがある。それでは何の役にも立たない。あなたは私と競うことはできない。私は、答えることができない質問を知っている。それは〝怒りを鎮める者、口のない愚か者〟と呼ばれる」。

ラマはグードゥプ・ギャルツェン・リンモにシャンシュン・ニェンギュの教えを授けた。ラマはグードゥプのことを次のように評価していた。「私は彼をよく調べた。外見は柔和だが、内面はしっかりとしていて意志が強い。知的で、欲が少なく、勤勉で、信頼に足る人物だ。また集中力があり、分析力に優れ、一見怠惰そうに見えるが、実は努力家である。彼の名前にも意味がある。〝グードゥプ〟は一切を支配するという意味であり、〝ギャルツェン〟は不滅という意味である。私がまだ誰にも教えていないことを、彼はすでに知っている」。

「グードゥプよ、私はあなたに特別なものを授けよう。そのためにはまず、他の人びとから嫉妬されないように、山中の人目につかない所に行かなければならない。ここは賑やかすぎる。まわりの人びとに〝ラマのお伴をしに行きます〟と告げて、私の先を歩いて行きなさい」。［p.52］グードゥプはラマの言う通りにした。その後、二人はヤキャイ・パボン・キャレプに到着すると、別々の場所に泊まった。以後、ラマは日中にはグードゥプにボン教を説き、日が暮れると鬼神たちに教えを説いた。ラマが鬼神たちに教えを説いている間、グードゥプは隠れてその教えに耳を傾けた。

ある日の朝、ラマが言った。「夜中にこっそりと私の話を聞きに来ているようだね。あなたは欲張りな人だ」「なぜ聞いてはいけないのですか?」「鬼神たちが〝グードゥプという男が近くに居るから心配だ〟と言っている。それに、あなたの体は汚れている。体を洗ってから来るようにしなさい」。その後、グードゥプは鬼神たちに混じって、ラマの夜の説法を聴聞するようになった。

ある日の夜、山に雪が降った。翌朝、グードゥプ・ギャルツェン・リンモが目を覚ますと、山肌には雪が積もっている所と、雪が溶けている所があった。空を見上げると、ところどころに雲があり、遠方には蒸気の煙が立ち上っていた。「お聞きあれ！」ラマは突然叫び、ゾクチェンの詩を詠じた。ラマの詩を聞いたとき、グードゥプ・ギャルツェン・リンモは、非常に特別な感覚を体験した。

3．修行地

グードゥプ・ギャルツェン・リンモは、ロン・チャラクツァンの洞穴で七ヶ月間瞑想を行った。その後は各地で利他行を為し、瑜伽行者として修行を続け、七三歳でこの世を去った。[p.53] 彼は死の直前に、イェシェ・シジョルの教法[73]に従って、身体と意識とを分離した。

4．一般的な成就

グードゥプ・ギャルツェン・リンモは、学問によって知識を高め、タントラの実践を通じて種々の能力を手に入れ、瞑想を実践して悟りを得た。彼は実に多くのことを成し遂げた。

5．特別な成就

グードゥプ・ギャルツェン・リンモは、シャンシュン・ニェンギュの教えを受けたあと、〝一切の土台〟、即ち、自己の心の正体を月の当たりにした。「人が私のことをどう見ていようと、私の心はいつも安らかだ」と、グードゥプはよく言っていた。彼は仏陀の心を会得した人物だった。

(71) ジェ・オルゴム・クンドゥル

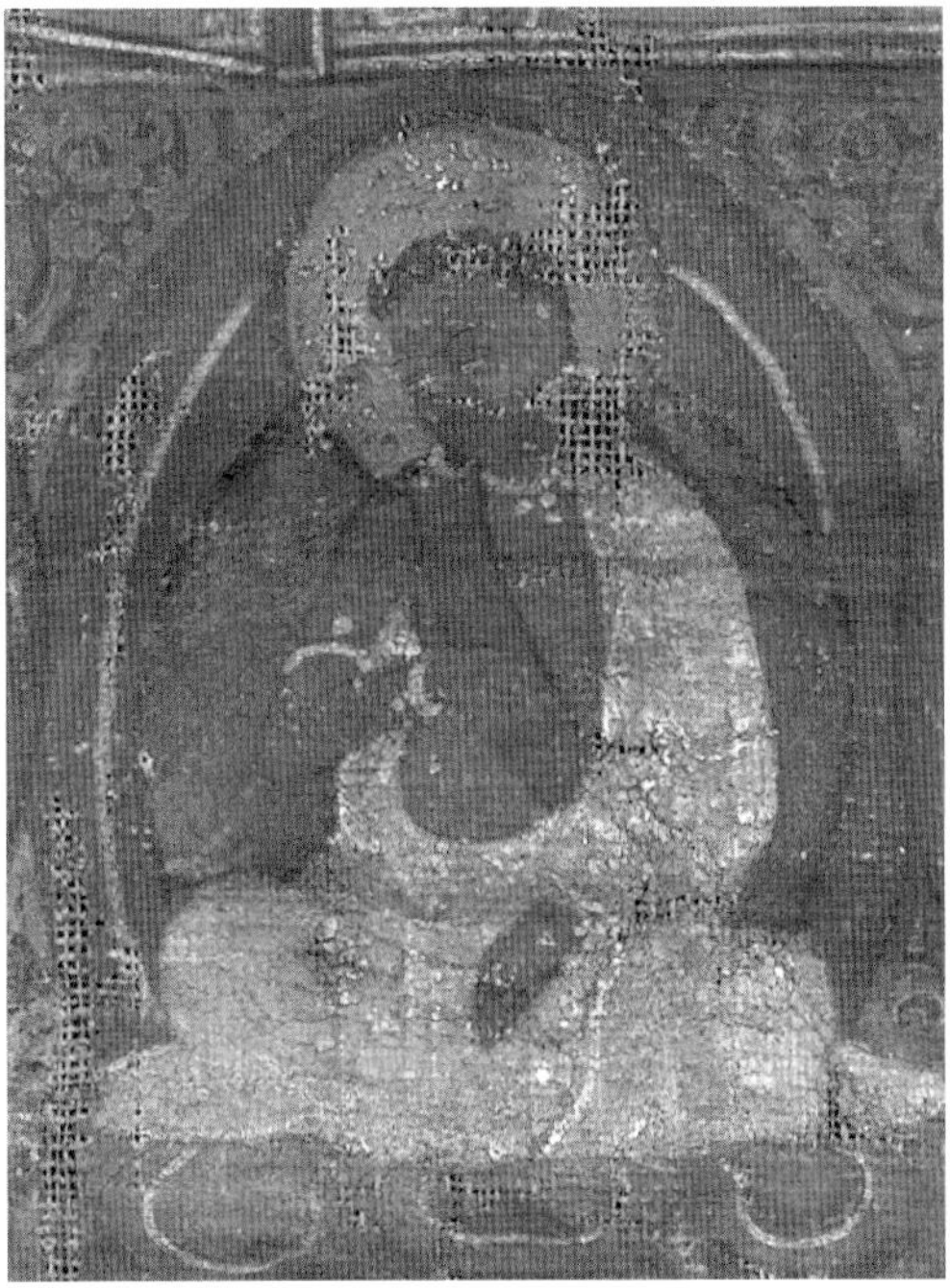

1. 出自

ジェ・オルゴム・クンドゥルの氏族名はオル、父はオルボン・ギャルワセー、母はキュンチサ・チャンチュプドゥンである。のちに彼の師となるクードゥプ・ギャルツェン・リンモは、彼のいとこだった。ジェ・オルゴム・クンドゥルは一三歳から、ラジェ・メニャクのもとでタントラと瞑想法を学び始めた。

2. 師との出会い

ジェ・オルゴム・クンドゥルは一九歳の春から、グードゥプ・ギャルツェン・リンモのもとでシャンシュン・ニェンギュの教えを学び始め、同年の晩秋には学び終えた。あるとき、ジェ・オルゴム・クンドゥルがマーモットの巣穴の中で物思いに耽っていると、鬼神たちがやってきた。鬼神たちは彼を試すために、胴体の無い頭だけの姿で、彼の前に現れた。しかしジェ・オルゴム・クンドゥルはそれを怖がることも、不思議に思うこともなかった。また聚輪儀礼の最中、ジェ・オルゴム・クンドゥルはラマに向かって、悟りの詩を詠ったことがあった。ラマはこれを喜んだ。そして「私が知っていることはすべて、あなたに授けた。それを無駄にするかどうかは、あなた次第だ」と言った。

3. 修行地

ジェ・オルゴム・クンドゥルは利他行を続けながら、自宅の供養堂と、ランタン・キュルモの寺で瞑想を行った。彼は八三歳まで生きた。

ジェ・オルゴム・クンドゥルの教えを聞きに来るボン教徒は僅かだったが、仏教徒の中には彼の信奉者が少なくなかった。テラワという仏教学者は、ジェ・オルゴム・クンドゥルのゾクチェンの講義をお忍びで聞きに来た。マルメン・クンネという仏教徒の尼僧も彼の信奉者だった。またルトゥーから仏教徒の行者がやってきて、ジェ・オルゴム・クンドゥルに黄金を捧げ、教えを請うこともあった。

晩年、カムから二人の男がやってきて、ジェ・オルゴム・クンドゥルにシャンシュン・ニェンギュの写本を求めた。彼は「シャンシュン・ニェンギュは口頭で伝承されてきた教えであり、筆記による汚れとは無縁の教えである。したがってこれまで一度も書き記されたことはない。だが、ヤントゥン・チェンポに頼まれて、彼と私とで、備忘録のようなものを作成したことはある」と言った。そのうえでジェ・オルゴム・クンドゥルは「その備忘録を除けば、私は如何なる写本も持っていない。犬の舌ほどの小さなメモすらも持っていない。誓ってもいい」と述べた。カムから来た男たちは、その言葉を信じた。男たちはラマに教えを請い、それを文字に書き記した。[p.55] 一枚あたり一三行ずつ書き、二〇日間でその枚数は一二〇枚になった。

4．一般的な成就

ジェ・オルゴム・クンドゥルは、与えられた教えをすべて記憶する特殊な能力を持っていた。特にシャンシュンに由来するメリの法類の儀軌については、これを完璧に記憶していた。彼は他者のために懸命に働き、煩悩にまみれることがなく、寿命を全うしてこの世を去った。ジェ・オルゴム・クンドゥルの思考は非常に明晰だった。彼は神通力を自在に発揮し、優れた弟子たちを正しく導いた。

5．特別な成就

師から教えを受けたあと、ジェ・オルゴム・クンドゥルはどこにいても瞑想から離れることがなかった。彼はやがて仏陀の教えの本質を悟った。

〝遠伝〟（ring brgyud）の系譜に連なる一六人の導師たち

『師資相承伝』［p.14－20］には、〝遠伝〟と呼ばれる法統を継承した一六人の導師たちの伝記が収録されている。

遠伝の法統は、チメー・ツゥクプー（本書三一頁のキャプションⅠ・8）から始まる。タンカⅠの下部（キャプションⅠ・72～86）に描かれるのが、遠伝の教えを相承した導師たちだと思われるが、そうだとすると、このタンカには一六番目の導師マンホルの姿が描かれていないことになる。また一六人の導師のうち三人（キャプションⅠ・72、73、82）は、このタンカの上部（キャプションⅠ・29、30、34）にすでに描かれている。そのため、この同定の妥当性に異議を唱える人もいるだろう。

しかし私は、この同定があり得るという立場に立って記述を進めることにする。『師資相承伝』のこの部分には、シャンシュン・ニェンギュの初期の教えに関する重要な記述が含まれている。

（72）シェン・ホルティ・チェンポ ［p.13］

シェン・ホルティ・チェンポは、チメー・ツゥクプー（キャプションⅠ・8）から教えを授かった。

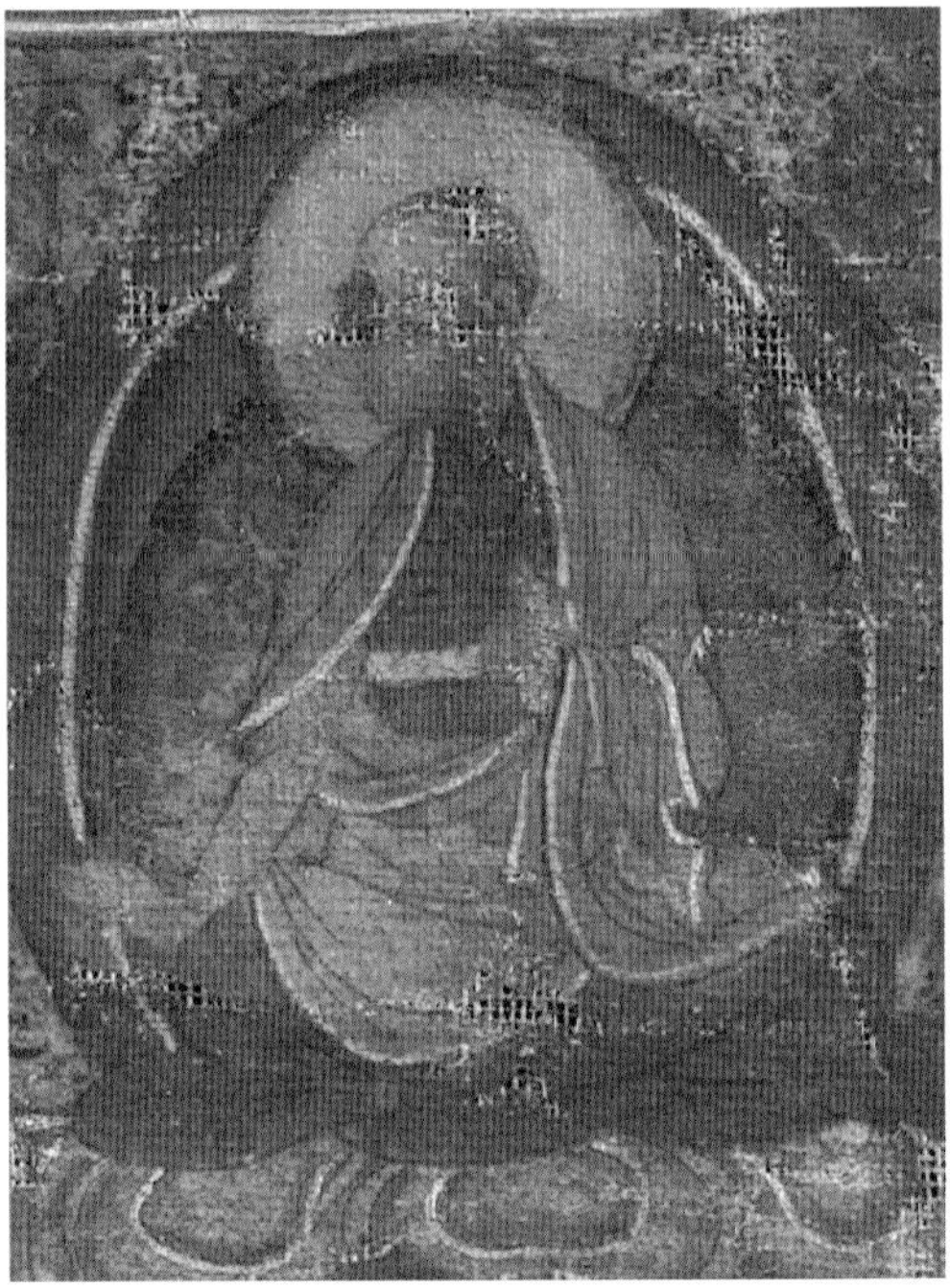

(73) クンキェン・トゥンドゥプ

ホルティ・チェンポは、クンキェン・トゥンドゥプにボン教の九乗の教え[74]を伝えた。

クンキェン・トゥンドゥプは、師ホルティ・チェンポに向かって次のように述べた。「因のボンは土台を無視しています。因のボンを修得するためには、長くて厳しい道程を歩まなければなりませんが、得られるものは多くありません。また、タントラの瞑想のボンは土台を変容させます。これも困難な道ですが、この道を歩んでもほとんど何も成し遂げられません。[p.14] しかし、因果を超えたボンは土台を重視しています。これはそれほど困難な道ではありませんが、多くのことを成就することができます。師よ、因果を超えたボンを、どうか私にお説きください」。

　ホルティ・チェンポは答えた。「ボン教には三種の教えがある。一つは、学んだのち、捨て去るべき教え。一つは、学んだのち、わきに置いておくべき教え。そしてもう一つは、学んだのち、受け容れるべき教えだ。哲学については、それを学んだあと、捨て去りなさい。タントラの実践を通じて得られたものは、幻影、鏡像、水面に映った月にすぎないと知り、それをわきに置いておきなさい。因果を超えたボンについては、これを学び、その教えを受け容れなさい。因果を超えたボンには、様々な相承のあり方がある。それは次の八つに纏めることができる」。

1　教誡による相承
2　成就による相承
3　誓言による相承
4　灌頂による相承
5　信頼による相承
6　言葉による相承
7　結果による相承
8　説明による相承

クンキェン・トゥンドゥプは、ボン教の九乗の教えに精通した。師の教えに従い、哲学および下位の教えについては、それらをよく学んだあと、わきに置いた。彼はタントラの修行もしたが、特にゾクチェンの実践に没頭した。その結果、一般的な成就と特別な成就（以下、二つの成就）を遂げた。

(74) プンチェン・ツェプン・ダワ・ギャルツェン

プンチェン・ツェプン・ダワ・ギャルツェンは、クンキェン・トゥンドゥプから多くのことを学び、クンキェン・トゥンドゥプもまた、ダワ・ギャルツェンから多くのことを学んだ。クンキェン・トゥンドゥプは「シャンシュン・ニェンギュの教えの確かさは、自分の巣穴に迷わず戻る蛇に譬えられる。そこには躊躇も過失も存在しない。ダワ・ギャルツェンよ、是非この教えを学びなさい！」と教えた。ダワ・ギャルツェンはチェーシクの岩場で九年間、シャンシュン・ニェンギュの修行に没頭した。［p.15］そして二つの成就を遂げた。

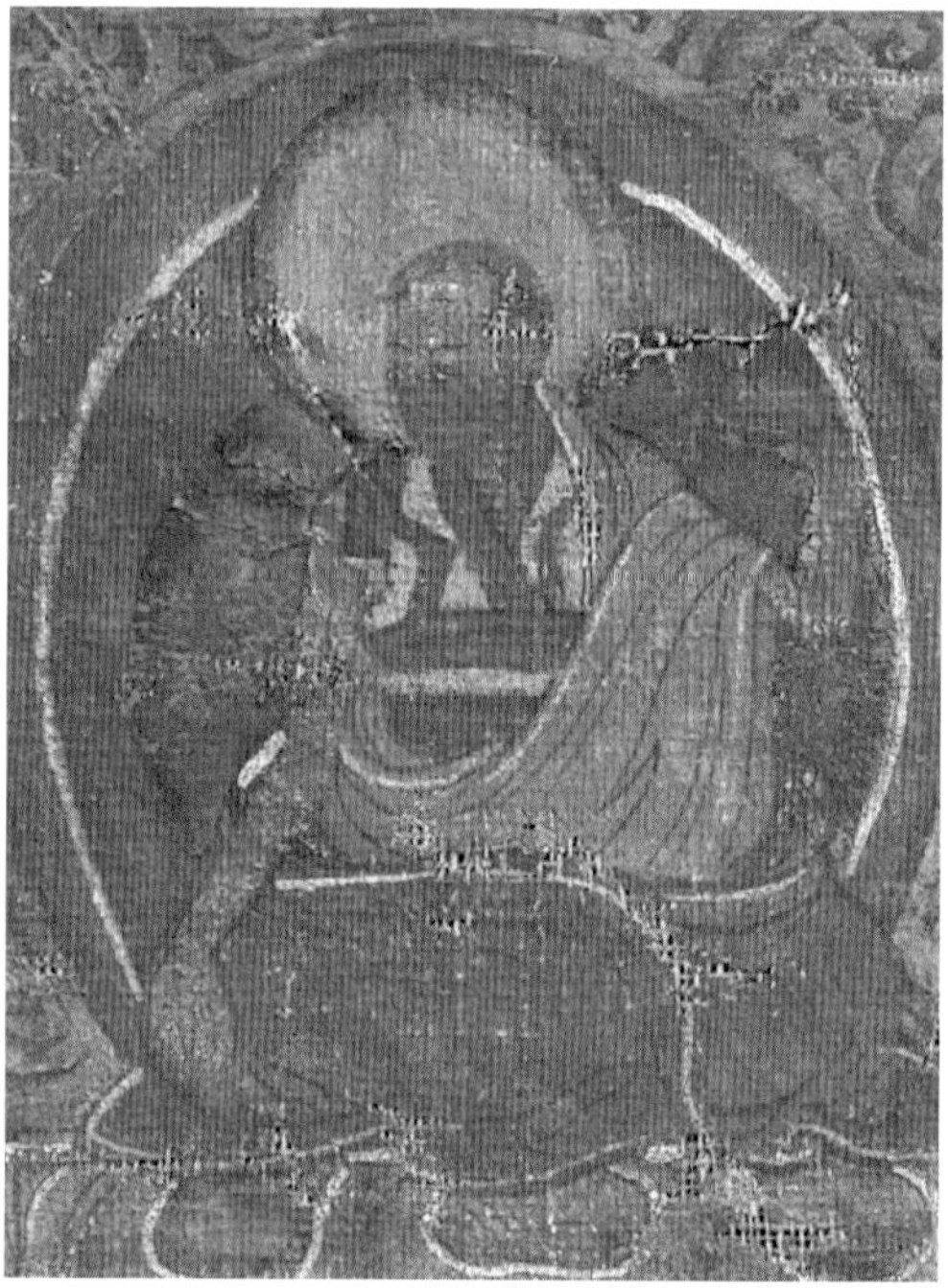

(75) プンチェン・ラサン・ルギャル

プンチェン・ラサン・ルギャルは、ダワ・ギャルツェンのもとで因のボンと果のボンを学んだ。ダワ・ギャルツェンは彼に「シャンシュン・ニェンギュは宝珠に譬えられる。この教えに出会える人は極めて稀だ」と語った。ラサン・ルギャルはポマルで七年間、シャンシュン・ニェンギュの教えを実修し、二つの成就を遂げた。

(76) プンチェン・タピ・フリツァ

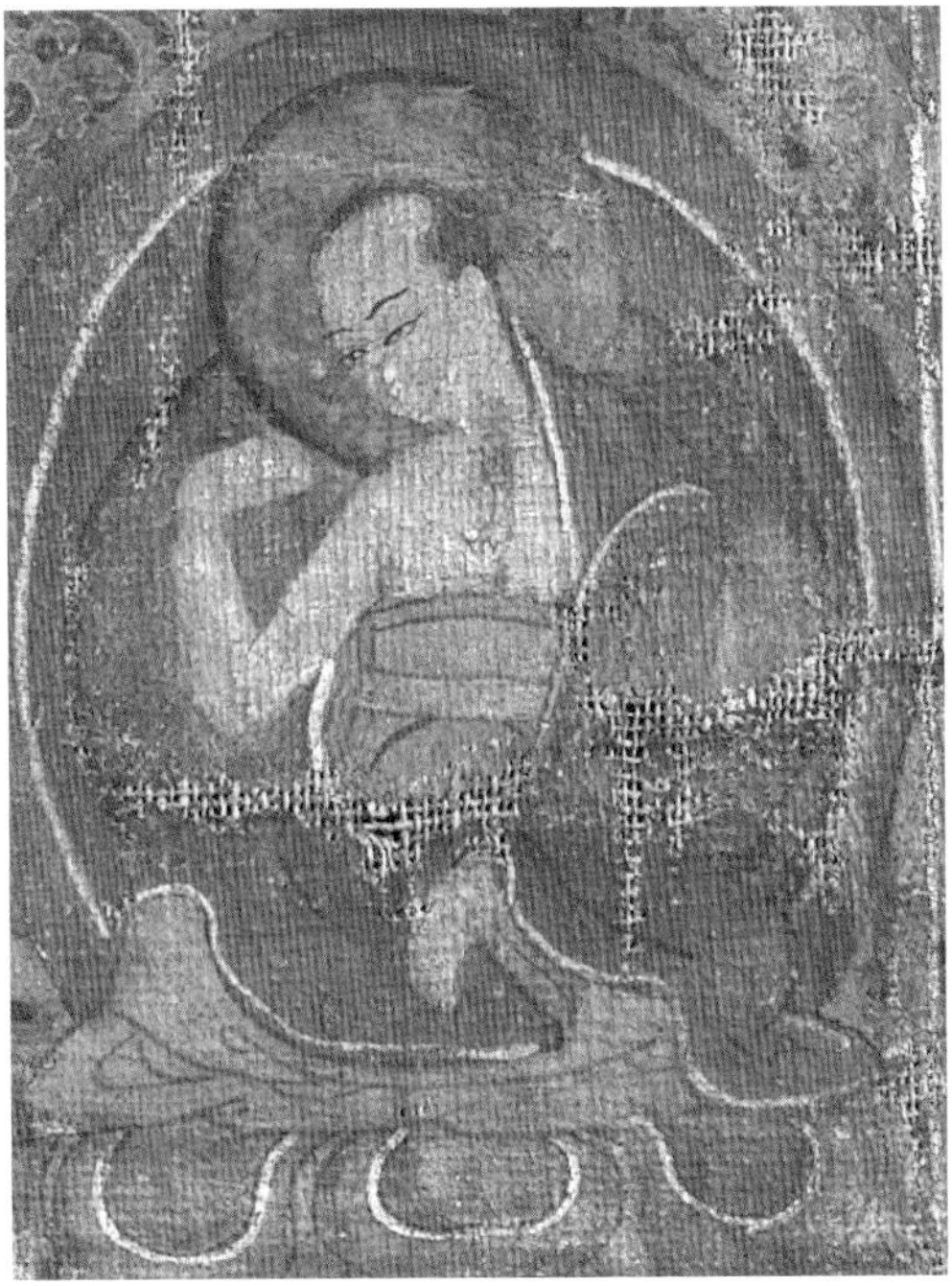

プンチェン・タピ・フリツァは、ラサン・ルギャルのもとで因のボンと果のボンを学んだ。ラサン・ルギャルは彼に次のように言った。「シャンシュン・ニェンギュの教えは雌獅子の乳に譬えられる。飲むことはおろか、見つけることさえ困難である。あなたはこの貴重な教えを実践すべきだ」。タピ・フリツァはタクタプ・センゲの岩山で九年間、シャンシュン・ニェンギュの修行を続け、二つの成就を遂げた。タピ・フリツァはこの世を去るとき、遺体を残さなかった。

(77) セー・ラサン・クマ・ラツァ

プンチェン・タピ・フリツァは、セー・ラサン・クマ・ラツァに次のように説いた。「このシャンシュン・ニェンギュというボン教の教えは、雌獅子の乳のようである。相応《ふさわ》しくない者は、この教えを受け取ることができず、また受持することもできない。だから、この教えを簡単に人に説いてはならない。この教えは枯山の水のように貴重だ。鷲の卵のように見つけるのが難しい。それゆえ決して粗末にしてはならない！」。クマ・ラツァはニリンで九年間、シャンシュン・ニェンギュの修行に没頭し、その後、二つの成就を遂げた。

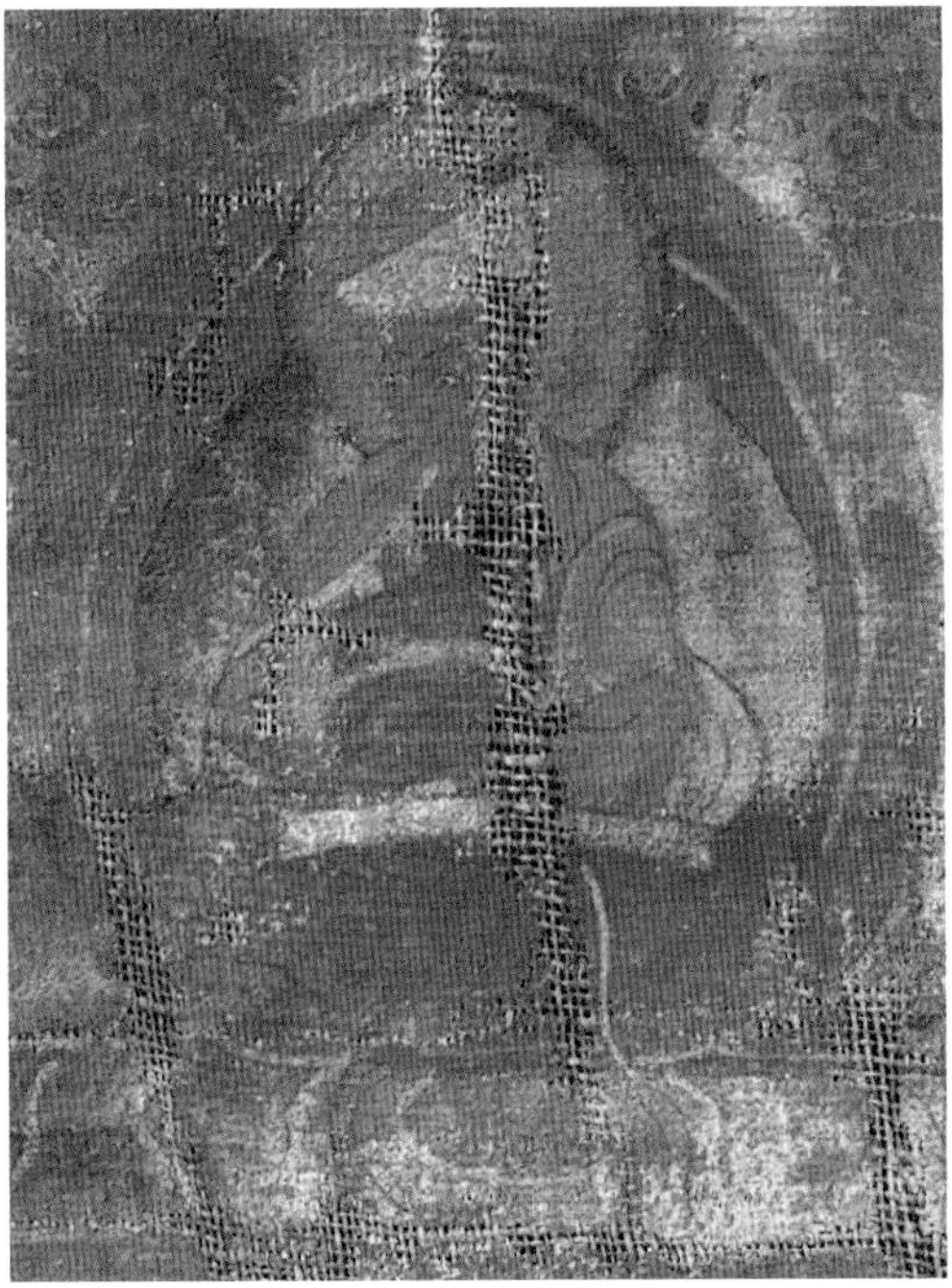

(78) チェーポ・ラサン・サムドゥプ [p.16]

セー・ラサン・クマ・ラツァは、チェーポ・ラサン・サムドゥプに次のように説いた。「このシャンシュン・ニェンギュというボン教の教えは、大海の底に沈む小石のようになかなか見つからず、空の虹のように詳しく調べることができず、山肌を転がり落ちる岩のように捕らえ難く、小川の小石のように滑りやすい。だから、よくよく気を付けなさい」。ラサン・サムドゥプは特定の場所にとどまることがなかった。彼は三年間、まるで山から生まれた子供のように、シャンシュン・ニェンギュの教えを実践した。そして二つの成就を遂げた。

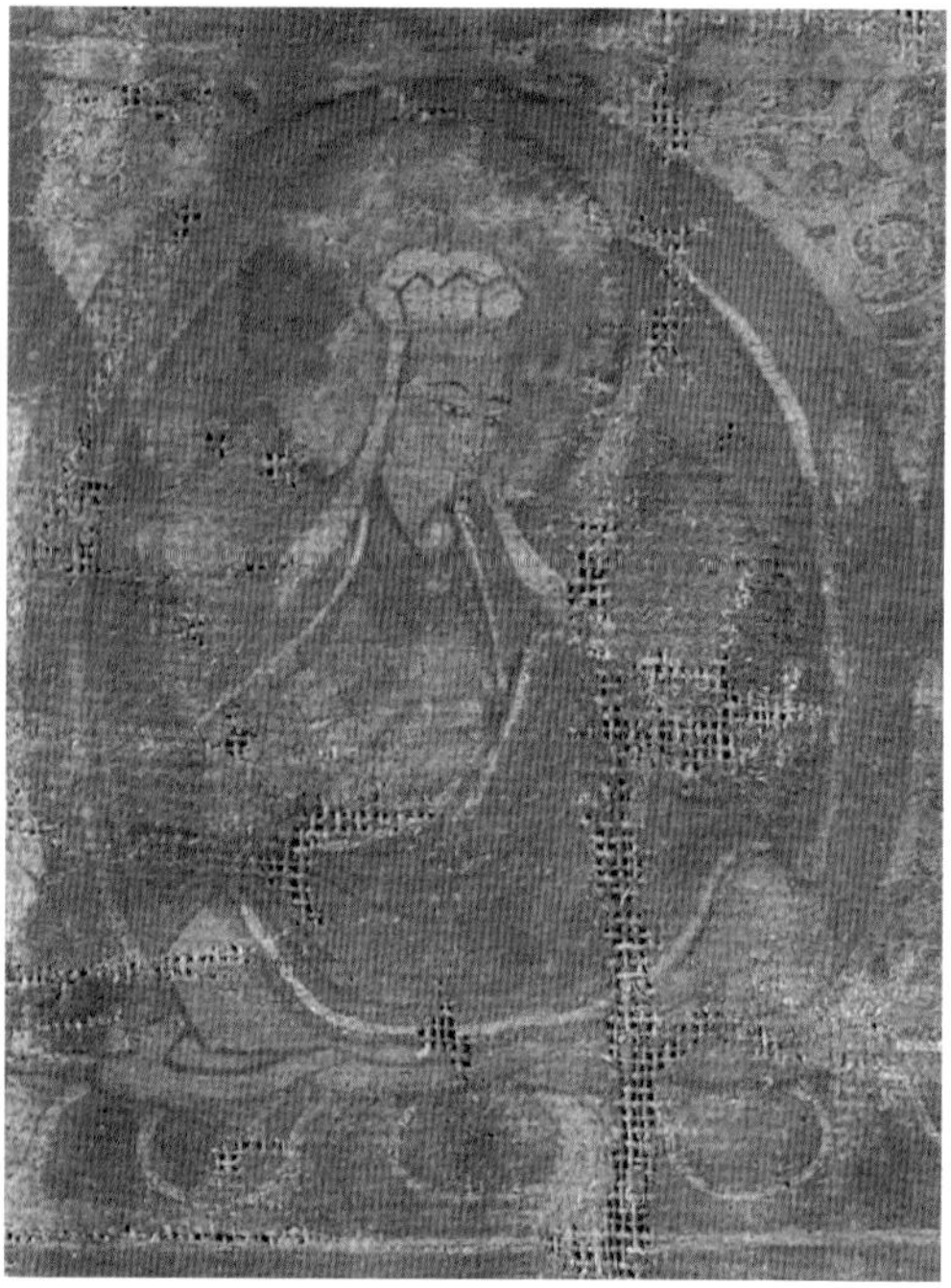

(79) シャンシュン・セネ・ガウ

シャンシュン・セネ・ガウは当初「私は因のボンを学びたくない」と言っていた。ラサン・サムドゥプは次のように教え諭した。「必要ないかもしれないが、学ばなければならない。そうしないと、未来の人びとは何から学び始めたらよいか分からなくなってしまうだろう」。セネ・ガウは師の言葉に従い、ボン教のすべての教えを学んだ。またラサン・サムドゥプは、セネ・ガウに次のように説いた。「このシャンシュン・ニェンギュというボン教の教えは、鷲や獅子の仔のように成長が早い。またこの教えは、宝が詰まった蔵のようでもある。この教えは自己のためのものであり、他に弘めるべきものではない。だが弘めたとしても、決して尽きることはない」。

セネ・ガウは洞窟で六年間、シャンシュン・ニェンギュの教えを実践し、やがて二つの成就を遂げた。

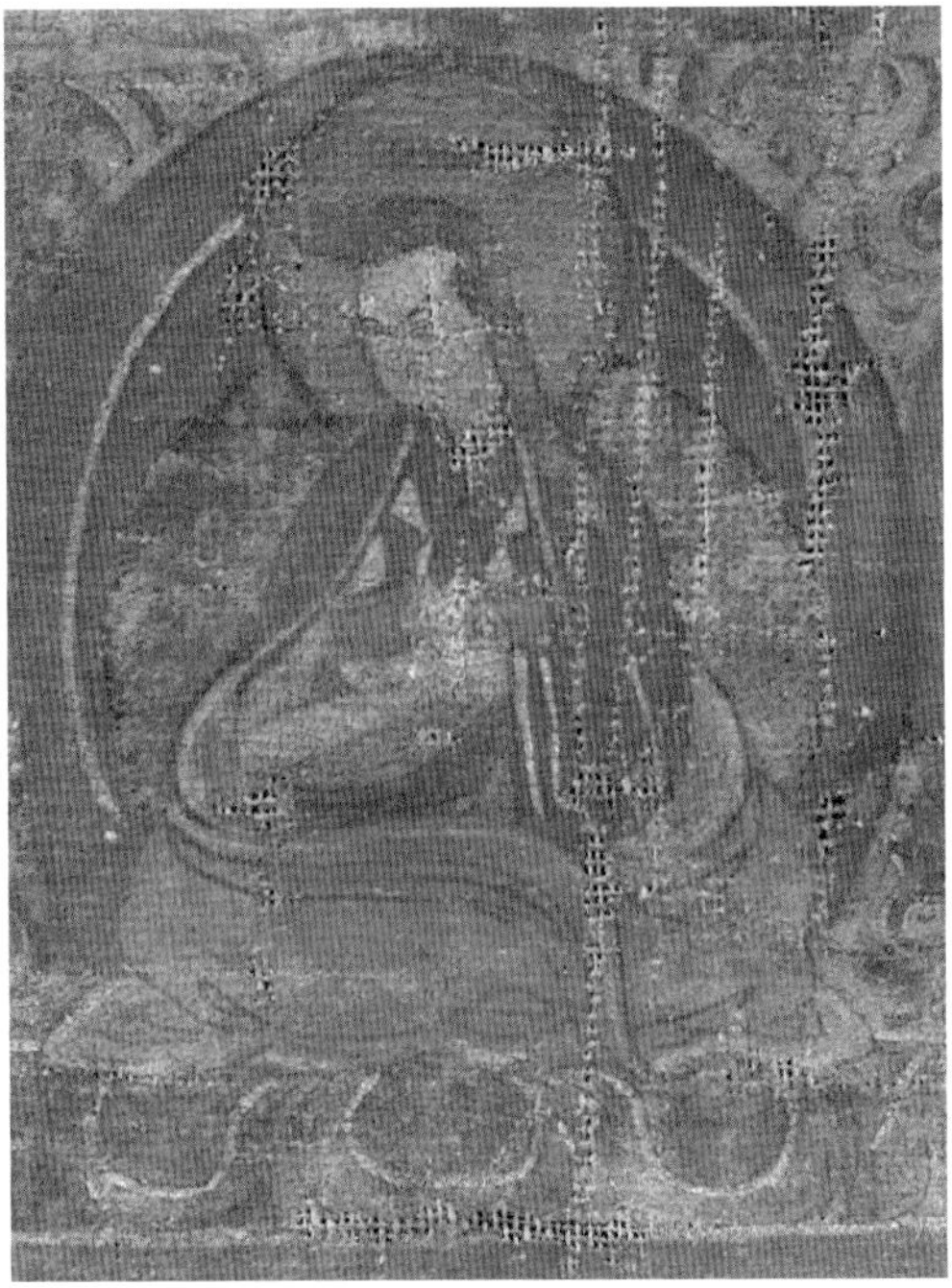

(80) グリプ・ラジン

グリプ・ラジンの師セネ・ガウは、よく次のように言っていた。「ラジンよ。このシャンシュン・ニェンギュ

という ボン教の教えは、宝石のように見つけるのが難しい。またこの教えは如意宝珠に譬えられることもある。手に入れて頭上に戴き、祈りを捧げれば、なんでも願いを叶えてくれる」。

グリプ・ラジンはチャツァンで一一年間、誰とも話をせず、村にも行かず、シャンシュン・ニェンギュの修行に没頭した。[p.17] 彼はこの世を去るとき、遺体を残さなかった。

(81) グリプ・ペルサン

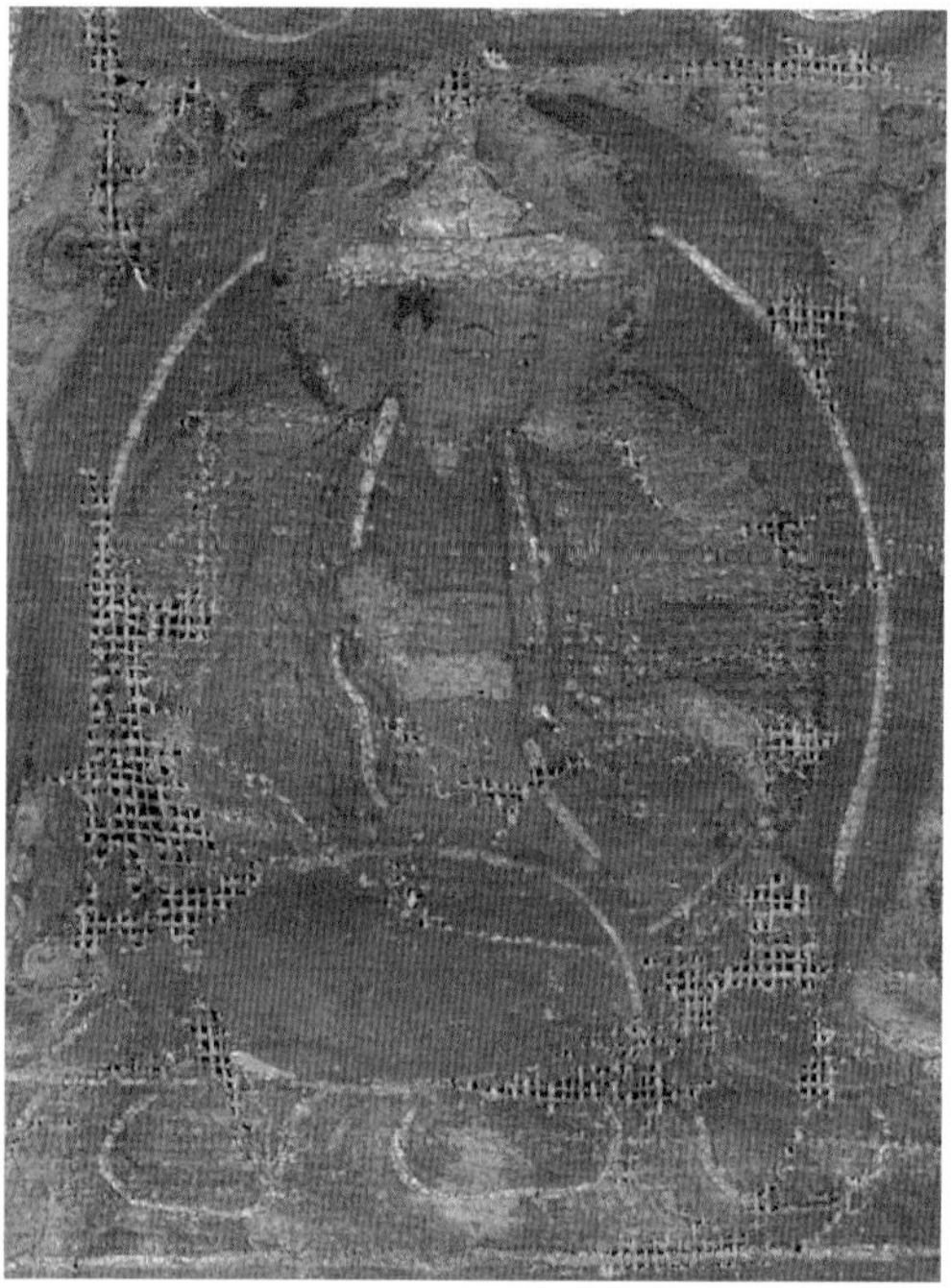

グリプ・ラジンはグリプ・ペルサンに教えを伝えた。グリプ・ペルサンは一定の場所にとどまらず、山中を歩きながら修行をしたが、ダツァチェンの岩山にはしばらく滞在し、そこで瞑想に没頭した。彼はこの世を去るとき、遺体を残さなかった。

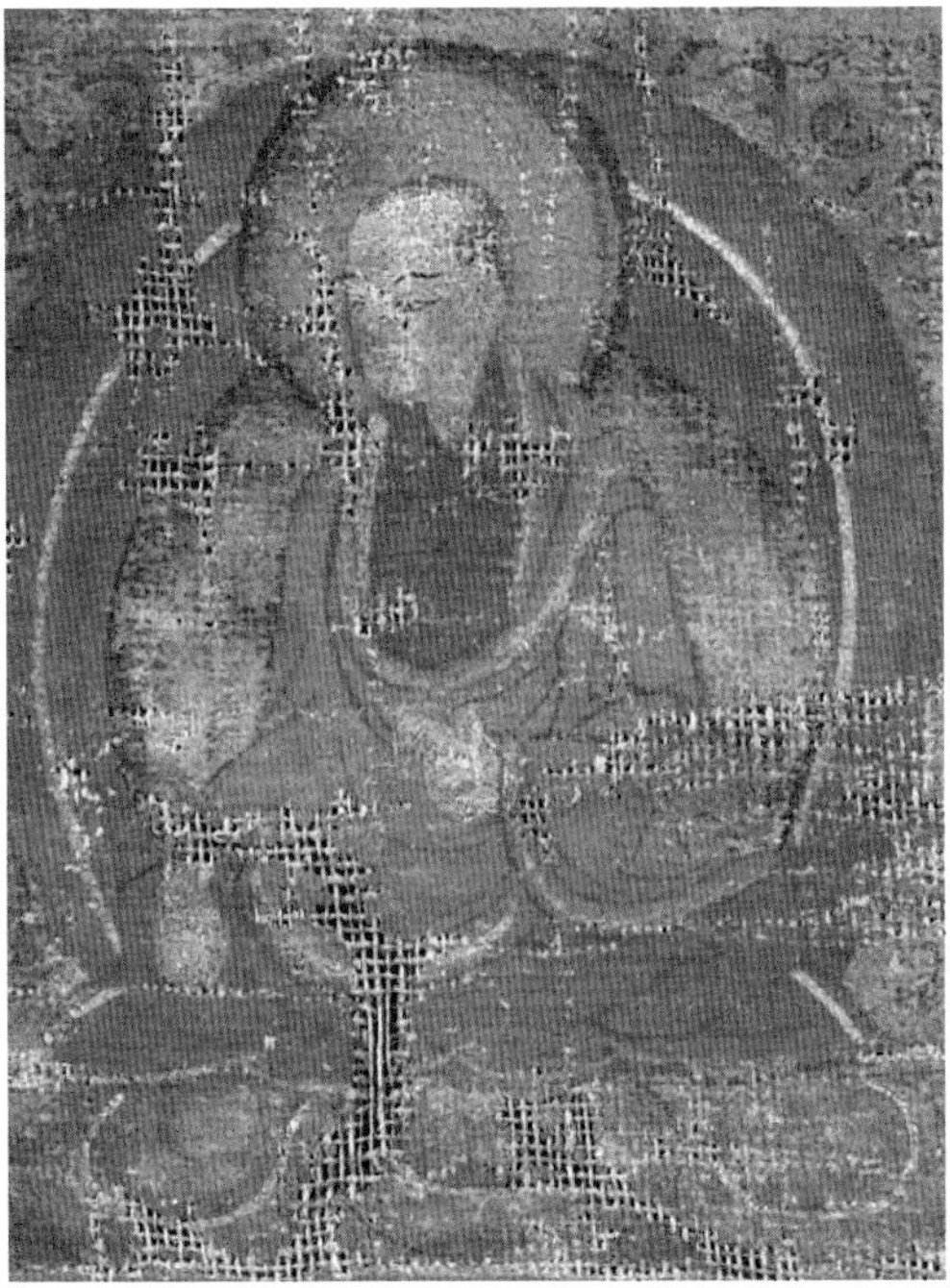

(82) ラサン・ティンネコ

ラサン・ティンネコはグリプ・ペルサンのもとで学んだ。グリプ・ペルサンは「学者は知恵を磨かなければならない。僧侶は戒律を守らなければならない」とよく言っていた。またグリプ・ペルサンは、ラサン・ティンネコに因のボンと果のボンの教えを授けたあと、次のように言った。「教えを受けたらすぐに、現象世界への執着を捨てなさい。雌羊が仔羊を捨てるように。そうでないと、教えが無駄になる可能性がある。さあ、いますぐ修行を始めなさい！」

ラサン・ティンネコは人食い虎に跨がり、南方にあるチェンタン峡谷の山中を動き回った。また水上を歩行するなど、多くの成就の証を人びとに示した。彼はスムパ・アワドンに教えを説き、アワドンは中国のセルワ・ウーチェンにその教えを伝えた。その後、アワドンはスムパで、セルワ・ウーチェンは中国で、それぞれ教えを説き弘めた。

(83) ジャクロン・セーカル

ジャクロン・セーカルはティンネコから三つの教えを受け取った。即ち、人から人へ口頭で伝えられた教え、師の体験に基づく教え、師は実践しなかったが信頼に値する教えの三つである。

ジャクロン・セーカルはよくこう言っていた。「瑜伽行者には三つのタイプがいる。一つは〝獅子の如き瑜伽行者〟と呼ばれるタイプの行者だ。彼らは現象世界を厭い、まるで仔の養育を放棄した雌羊のように、ただそれを放置する。これに対し、現象世界に執着せず、空を飛ぶ鷲のようにそれを楽しむタイプの行者がいる。彼らは〝王の如き瑜伽行者〟と呼ばれている。[p.18] 三番目は〝ドゥンツェ・ドゥンナ[75]の如き瑜伽行者〟だ。彼らは現象世界のすべてを夢と見なし、それを求めても無駄だということを知っている。これら三つのうち、いずれかの行者になるべく努力しなさい！」

セーカルには家庭があり、三人の息子がいた。彼はこの世を去るとき、遺体を残さなかった。

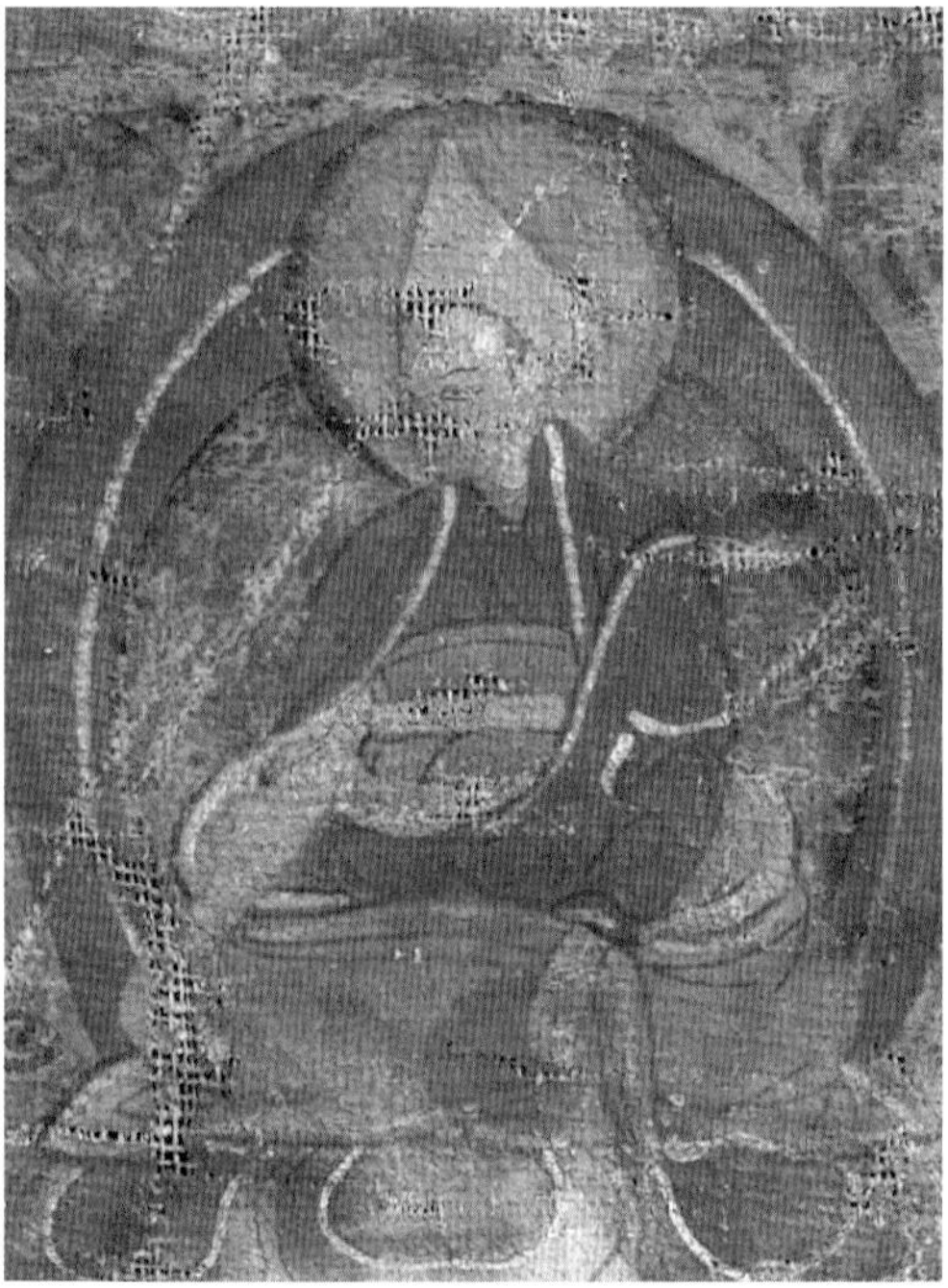

(84) キュンポ・アワドン

キュンポ・アワドンはジャクロン・セーカルのもとで学んだ。セーカルは彼に「病に苦しみながらも強く生きる人のように国土を彷徨《さまよ》いなさい。獲物を探す獅子のように雪山を彷徨いなさい。国を失った王のように謙虚でありなさい」と教えた。キュンポ・アワドンはゲーマル・タクツァンで三年間、シャンシュン・ニエンギュの修行を行い、二つの成就を遂げた。

(85) キュンポ・タシ・ギャルツェン

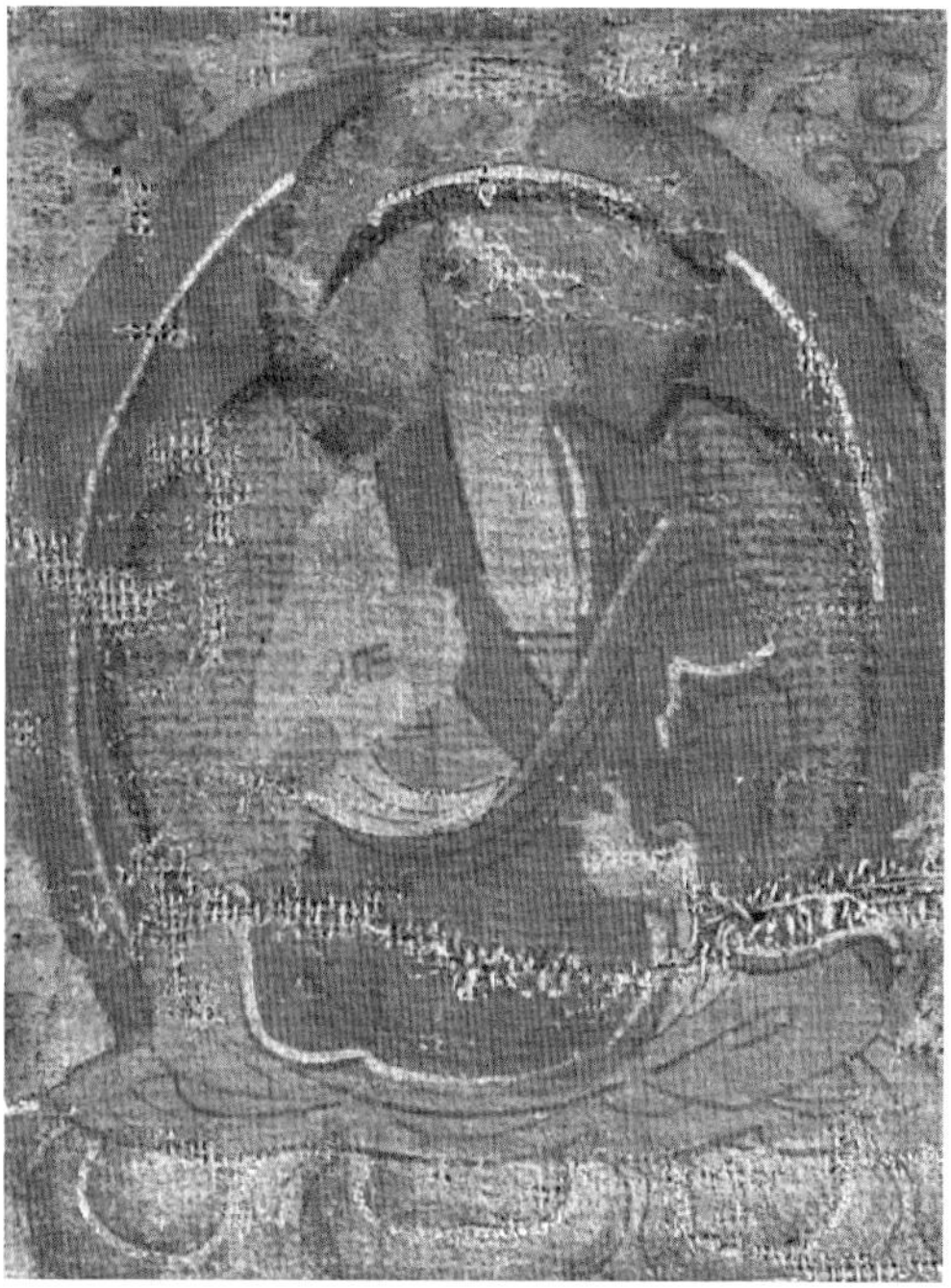

キュンポ・タシ・ギャルツェンはキュンポ・アワドンに師事した。キュンポ・アワドンは彼に次のように説いた。「何の痕跡も残さず岩から飛び立つ鳥のように、何の妨げもなく落ちる雷のように、実体のない蜃気楼のように、恐れず大空に舞い上がる仔鷲《こわし》のように、私の教えを受け止めなさい。そうでないと、この教えを理解することはできない」。

キュンポ・タシ・ギャルツェンはシャンシュンのサティの洞穴で二一年間、修行に励んだ。その間、彼は野生動物の乳を搾って飲み、獣たちは彼のために食べ物を運んだ。そして二つの成就を遂げた。

(86) キュンポ・レグン

キュンポ・レグンは父タシ・ギャルツェンのもとで学んだ。タシ・ギャルツェンはあるとき、彼に次のように説いた。[p.19]

明知を見定めると、それは永遠の肉体となる。

あるがままの意識は、黄金のようだ。
それは〝虚空の花[76]〟のように、どこで生じたということがなく、
虹のように、どこにもとどまらない。
そこには、中心も辺際もない。
一切の事象をそのように理解しなければ、
せっかく手に入れた宝も無駄になる。

キュンポ・レグンはツォリの島で八年間、シャンシュン・ニェンギュの教えを実践し、その後、二つの成就を遂げた。

タジク・マホル[77]

キュンポ・レグンはタジク・マホルに教えを伝えた。キュンポ・レグンはあるとき、彼に次のように説いた。「外部の事象と内部の明知は別個に存在しているわけではない。両者は一であり、不可分である。そう理解して、内と外を区別する網を切り裂きなさい。外部の事象と内部の明知は実体がない。だから好きなようにさせておけばよい。それらは一定しないので、気にせず放っておきなさい」。
タジク・マホルはティセ山の近郊で一二年間修行に励んだが、確かな手応えを得ることができなかった。そこで彼は、いったんキュンポ・レグンのもとに戻り、一〇サンの黄金を捧げて次のように言った。「師よ。

私は長く修行を続けてきましたが、未だに自信が持てません。私にもっと教えを授けてください」。するとキュンポ・レグンは「黄金など必要ない」と言ってそれを空中に投じ、マホルに教えを説いた。

晩年、タジク・マホルはよく次のように言っていた。「山ほどの黄金やトルコ石よりも、自分の心を知ることのほうが、ずっと価値がある。だから、いくら高価な贈り物を捧げても、師の恩に報いることはできない」。彼は六年間の隠棲修行の後、成就を遂げた。

マホルの姿はタンカIには描かれていない。『師資相承伝』によれば、彼はグリプ・ナンシェル・ルーポ（キャプションI・35）にシャンシュン・ニェンギュの教えを伝えたとされる。

（87）導師

中央に座す人物は、このタンカに向き合う人の導師を表している。

パ・テンギャル・センゲ・サンポ（『師資相承伝』の著者）

1．出自［p.116］

父はパ・ニペル・サンポ、母はプンセー・チャモ・ナムカー・キェウデン。パ・テンギャル・センゲ・サンポは末っ子だった。パ・テンギャルの詳伝には、彼が生まれたとき、良いことが起こる前兆を示唆する様々な現象が起きたと記されている。

2．師との出会い

パ・テンギャル・センゲ・サンポの伝記には、彼の師の名前が列挙されているが、シャンシュン・ニェンギュの教えを彼に伝えたのは、カルツァ・ソナム・ロドゥーである。カルツァは傑出した瑜伽行者だった。［p.117］

カルツァから教えを授かった後、パ・テンギャルは一年間、〝脈〟と〝風〟の修行に取り組んだ。

カルツァはあるとき、パ・テンギャルに次のように述べた。「この貴重な教えは、〝独一相続〟の系統を通して、私のもとに届けられた。この教えは、デーパ・シェーラプからドゥ・ギャルワに相承され、ドゥ・ギャルワからアトク・イェシェ・リンチェンに伝えられた。そしてアトク・イェシェ・リンチェンは、私の師にその教えを伝えた。あるとき私は、女尊メンモからある徴を受け取った。そして私は師と出会い、師に教えを請うた。しかし、師はなかなか教えを与えてくれなかったので、私はたいへん苦労した。最初、師は私の願いを聞き入れてくれなかった。そうすることで師は、この教えがたいへん貴重なものであることを、私に教えようとしたのだ。私はあきらめきれず、何度もお願いをした。すると師はついに、私に教えを授けてくださった。パ・テンギャルよ。あなたはすべての教えの導師であり、人びとを幸福にするために姿を顕した化身である。だから、わざわざ夢を調べる必要はないかもしれない。しかし、これはシャンシュン・ニェンギュの伝統であり、私たちは師弟関係にあるので、ここは慣例に従い、互いの夢について調べておくことにしよう」。

パ・テンギャル・センゲ・サンポは「私は虹が架かる宝珠の山のそばで、いろいろな食物を口にする夢を見ました」と言った。カルツァは「私は夢の中であなたに法螺貝を手渡した。あなたはそれを受け取り、四方に向けて吹き鳴らした。すると空と大地が鳴動し、法螺貝の音が世界中に響き渡った。あなたはこの教えの師となるべき人物だ！」と言った。

こうしてカルツァは〝独一相続〟の教えを、パ・テンギャルに託した。カルツァはその後、パ・テンギャルの心から、その教えに関するすべての疑念が取り払われたことを確認した。

パ・テンギャルは、ギャゴム・テンサンからも、タントラを含むシャンシュン・ニェンギュの教えを受けた。また〝北の相続〟の教法については、学者テトゥン・ギャルツェンペルが確立した流儀を学んだ。[p.118]

パ・テンギャルは「私はシャンシュン・ニェンギュに関しては、すべての疑問を解決し、その教えを完全に理解した」と明言していた。

3．修行地

パ・テンギャル・センゲ・サンポは家族が住むラプクのリクー・デガンで修行を行った。また、ジェリ・ボンプグ、ワルロン、ティセ山、マパン湖やラクカル湖などでも修行した。彼は怠けず、気を逸らさず、修行の勝幢をしっかりと掲げ続けた。

パ・テンギャルはリクー・デガンで重い病気に罹った。容態は次第に悪化し、やがて死相が現れた。付き人たちはパ・テンギャルに儀礼の執行を勧め、法座の準備をした。しかし彼は「もはや儀礼を行っても、私の旅立ちを阻止することはできない」と言った。[p.119]

「師がこの世を去った後、私たちは何に向かって祈ればよいでしょうか？」。付き人たちは涙を流しながら訊いた。すると、パ・テンギャルは「タジクに向かって祈ればよい」と答えた。

「今は瞑想に集中するときだ！」と兄のダギャル・サンポ（パ・ダギャル・サンポ）が叫んだ。パ・テンギャルは「偉大な瞑想家に、その言葉は必要ありません」と答えた。その瞬間、パ・テンギャルは三昧に入り、そのままこの世を去った。

4．一般的な成就

パ・テンギャル・センゲ・サンポは学者であり、多くの著作を残した。[78] 彼は前世において、ボン教僧や仏教僧として生きたことがあると信じていた。パ・テンギャルは禿鷲《はげわし》の姿でティセ山を巡礼した。マパン湖の沐浴場では、彼が歩くと足下に花が咲き、空には虹が架かった。ワルロンのサダク・トルキョンマの山頂に祈祷旗を立てた。パ・テンギャルは自分の守護尊を目の当たりにした。

5. 特別な成就［p.120］

カルツァからシャンシュン・ニェンギュの教えを受けたとき、パ・テンギャルは、真理を悟れば心から対象が剥《は》ぎ取られ、対象そのものが不在になることを知った。そして〝観想を欠いた偉大なる瞑想〟を継続するうちに、概念的な瞑想は次第に消え去っていった。

第二部　タンカⅡ

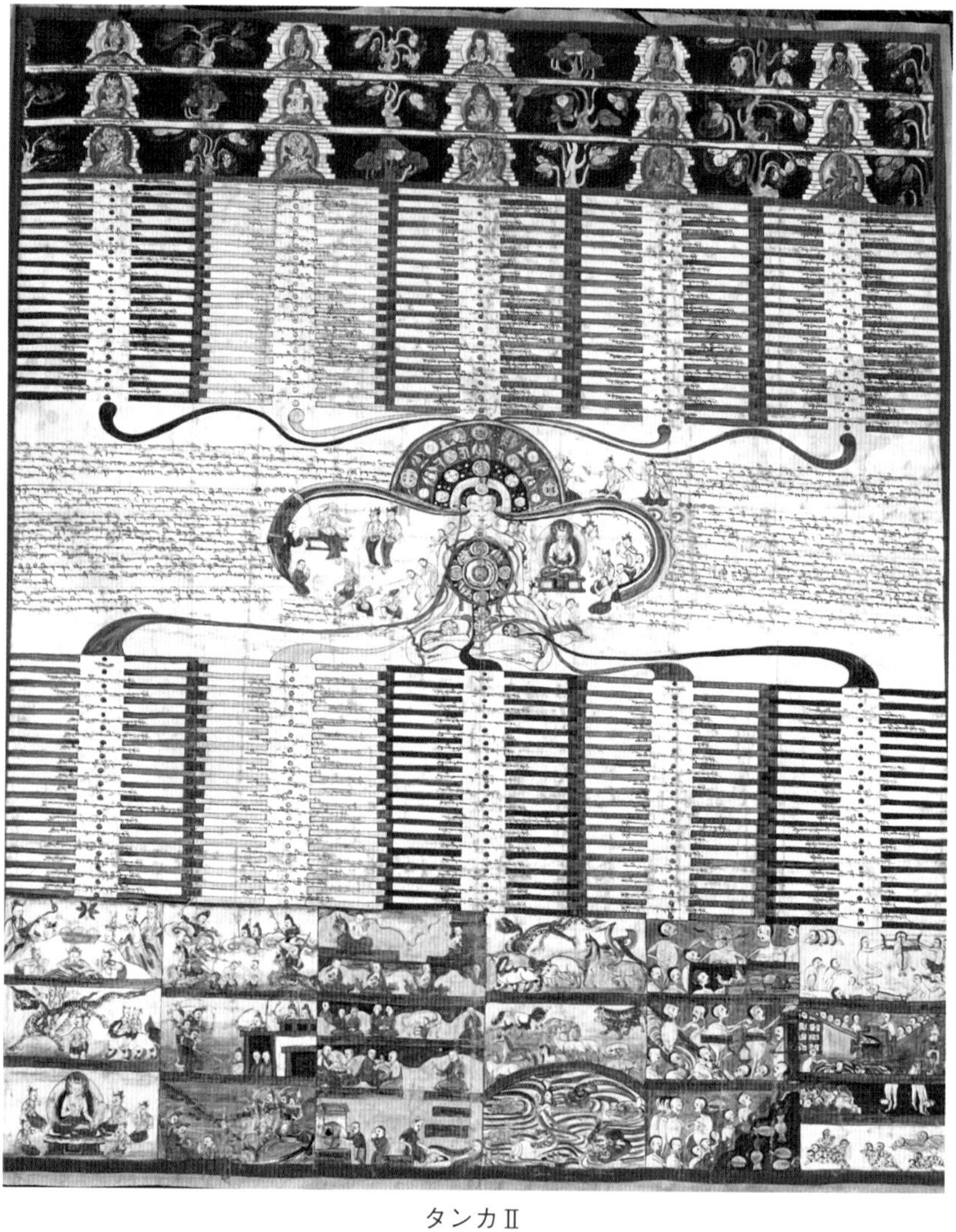

タンカⅡ

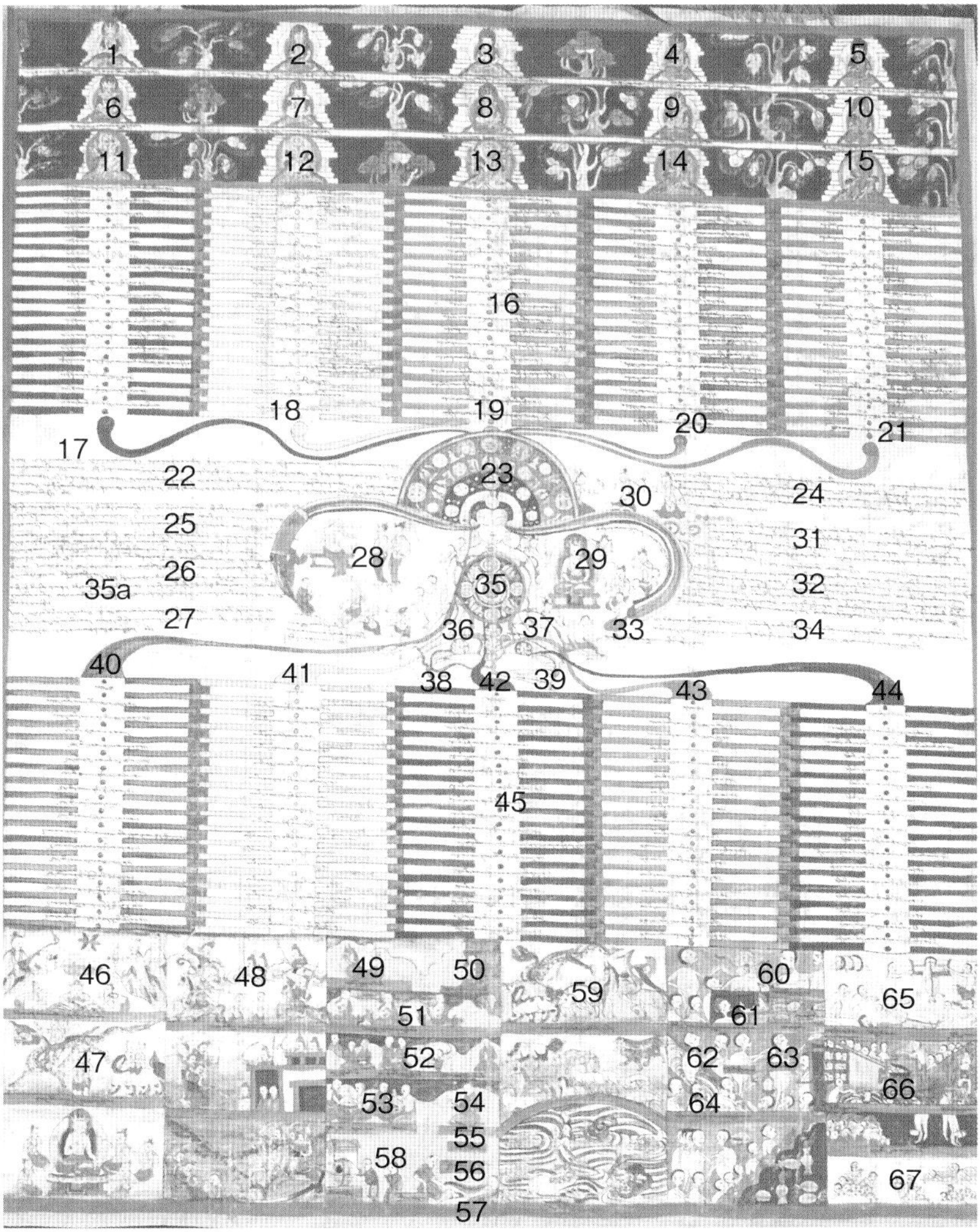
1
2
3
4
5
6
7
8
9
10
11
12
13
14
15
16
18
19
17
20
21
22
23
30
24
25
31
28
29
26
35
32
35a
27
36
37
33
34
40
41
38
42
39
43
44
45
46
48
49
50
59
60
65
51
61
47
52
62
63
66
53
54
64
55
58
56
67
57

キャプションⅡ

教理の図解――シャンシュン・ニェンギュの理論

二枚目のタンカ（タンカⅡ）は、ゾクチェンの理論、特に『シャンシュン・ニェンギュ』のゾクチェン理論を図解したものである。このタンカは、『シャンシュン・ニェンギュ』の綱要書であり、ゾクチェン思想を構成する「四つの教え」（四輪）について説く『四輪結合』[1]（*KhZh*）を主たる資料としている。『シャンシュン・ニェンギュ』に収録されている文献は、その大半が作者不明であるが、『四輪結合』についても作者は分かっていない。

ボン教や仏教では古い時代から、図像や鏡・水晶・燈明などを用いて人びとに教えを説く習慣があったが、このタンカは、ボン教の宇宙観や、人間が悟りへ至る過程など、多様な概念を一枚の絵の中に集約して描いた非常に珍しいもので、今日のチベットでこれほどの規模のタンカを見かけることは極めて稀である。また、このようなタンカとは別に、シャンシュン・ニェンギュを伝承したボン教徒たちの間では、師が弟子に小さな図像を示しながら、教えを分かりやすく伝える伝統があった。『シャンシュン・ニェンギュ』に収録される文献の分類を試みたヤントゥン・ペルサンは、そうした小さな図像のことを〝裏に文字が記された小さな輪の手本[2]〟と呼んでいる。この名称から、それがツァカリに似た形状を有していたことが分かる。ツァカリとは一般に、諸尊の姿や様々な儀礼具が描かれた小さな絵片を指し、これはボン教や仏教の灌頂儀礼の際に用いられることが多い。ツァカリには様々なタイプのものがあり、例えば数枚の経紙に図像を描き、それらをつなぎ合わせて折り合わせ、多翼《たよく》祭壇画のように仕上げたものもある。[3]

文化大革命が始まり、文物に対する大規模な破壊が始まった一九六六年、あるいは一九七六年に、このタンカは大急ぎで隠されたという。そして一九八五年、アムド南東のシャルコクで現地調査を行っていた私は、ある荒廃したボン教寺院の中で、このタンカを発見した。タンカには制作年も作者名も記されていなかった。作風や素材から判断すると、それほど古いものとは思えない。一八世紀頃のものと思われるが、これも推測の域を出ない。

『四輪結合』の冒頭部分には、四輪（四つの教え）の概要が記されている。これは同書に説かれる教理の骨子でもある。

（１）〝止住する土台〟の輪を知らなければ、心を構成する三つの〝身体〟を知ることはできない。（第一の輪）
（２）〝悟りと迷妄の縁起〟の輪を知らなければ、輪廻と涅槃の根源を知ることはできない。（第二の輪）
（３）〝身体の要所である脈〟の輪を知らなければ、体内にある迷妄の根を断つことはできない。（第三の輪）
（４）〝中有の時〟の輪を知らなければ、解脱と迷妄とを区別することはできない。（第四の輪[4]）

以上が『四輪結合』の冒頭に説かれる教えである。

タンカⅡの大部分は第二の輪の解説に充てられており、[5]第三の輪と第四の輪の教えについてはそれぞれ、中央に座す人物の上半身に描かれた輪の部分[6]と、この人物の左右で解説されている。[7]また、非常に抽象的に見える第一の輪は、中央に座る人物の頭部周辺に描かれた光輪のような図形によって表現されている。[8]

タンカの中央に描かれた人物は、ゾクチェンの成就者を表している。つまりこのタンカは、一般の人びとの世界と、四輪の教えを会得したゾクチェンの成就者が体験する超越的なヴィジョンとを、綜合的に表現しているのである。本書では以下、銘文を手掛かりにしながらタンカ全体の記述を試みる。だが、このタンカの大部分は第二の輪と関連しているので、まずは第二の輪の教えについて、やや詳しく説明をしておいたほうが良いだろう。

『四輪結合』によれば、輪廻転生と、輪廻からの解脱（涅槃）という事態は、究極的に言えば五色の光明、即ち青・白・黄・緑・赤の光明によって人間の心の中に生み出されたものである。また世界の創出そのものは、死後に心と物質とが分離したあと（bem rig bral ba'i dus）、中有の状態で起こるとされている。生きているうちにゾクチェンを学んだ者は、中有の状態に五色の光明が顕れたとき、それを自己と別のものとして認識するのではなく、自己の心から発せられたものだと認識する。すると五色の光明は、心に本来的に具わっている涅槃の状態を、彼に体験させる。例えば赤い光明は、西方の極楽浄土（スカーヴァティー）を彼に体験させる。このように五色の光明はそれぞれ一六種ずつ、全部で八〇種の〝涅槃の特質〟を、彼に体験させる。これを〝涅槃の顕現〟[9]という。タンカⅡでは、ゾクチェンの成就者である中央の人物の頭部から、青・白・黄・緑・赤の五色の光明が放出している。そして、それぞれの光明の先には、五つの極楽浄土、五つの曼荼羅、五つの果、五つの智慧など、八〇種の〝涅槃の特質〟が列挙されている（キャプションⅡ・16、本書二二六頁の表Ⅰ）。

このように、タンカⅡの上半分には、中央に座す人物が五色の光明によって涅槃（八〇種の〝涅槃の特質〟）を体験している様子が描かれているのである。

一方、生きているうちにゾクチェンの教えを受けたことがない人は、中有の状態にいる間、五色の光明が自己の心から放射されたものであることに気づかない。

生きているうちにゾクチェンの教えを受けたことがない人びとは、光明に怯え、光明はどこか別の場所から放射されていると思ってしまう。そして彼の意識は、誤った二元論に陥る。その結果、彼自身の心から放射され、身体の各部位から輝き出た五色の光明は、彼を輪廻転生のサイクルへと連れ戻す。

例えば赤い光明からは、火、暖、肝、右腕、舌、嫉《しつ》（ねたみ）などの事象が顕れる（キャプションⅡ・45、本書二一七頁の表Ⅱ）。そして〝涅槃の顕現〟の場合と同じように、五つの光明がそれぞれ一六種ずつの事象を生み出し、全部で八〇種[10]の事象を、彼に知覚させる。

輪廻世界はタンカⅡの下半分に描かれている。輪廻という事態も五色の光明によって生み出されたものだが、〝涅槃の顕現〟の場合とは異なり、五色の光明は中央に座す人物の頭部からではなく、身体の各所から放散している。[11]そしてタンカの一番下の部分には、六道輪廻図の中でよく見かけるような、六つの存在のありよう[12]が描かれている。

また、中央に座る人物の左右[13]には、第一、第三、第四の輪の理論、およびその教えの意義が記されている。これらの教えは、中央に座すゾクチェンの成就者が説いたという体裁が取られているが、そのほとんどは『シャンシュン・ニェンギュ』からの引用である。この箇所については、後で改めて論じることにしたい。

このタンカの主たる目的は、人間の生の始まりや、悟りを得るチャンスに関するゾクチェンの理論を、言葉と図像によって初学者たちに示すことにある。

銘文と翻訳

〔以下はキャプションⅡの1～67に記される図像・文章の翻訳・解説である〕

1 「青い光明の中に、顕教の尊格グーセー・カムパが身体の曼荼羅として顕れる」（'od sngon po la lha ru shar/ phyi ltar du rgod gsas khams pa sku'i dkyil 'khor shar/）

2 「黄色い光明の中に、顕教の尊格セージェ・マンポが身体の曼荼羅として顕れる」（'od ser po lha ru shar/ phyi ltar du gsas rje rmang po sku'i dkyil 'khor shar/）

3 「白い光明の中に、顕教の尊格シェンラ・ウーカルが身体の曼荼羅として顕れる」（'od dkar po la lha ru shar/ phyi ltar du gshen lha 'od dkar sku'i dkyil 'khor shar/）

4 「緑の光明の中に、顕教の尊格ガルセー・ツェンポが身体の曼荼羅として顕れる」（'od ljang khu la ru shar/ phyi ltar gar gsas btsan po sku'i dkyil 'khor shar/）

5 「赤い光明の中に、顕教の尊格ナムセー・インルムが身体の曼荼羅として顕れる」（'od dmar po la lha ru shar/ phyi ltar gnam gsas dbyings rum sku'i dkyil 'khor shar/）

6 「南に、タントラの尊格ガーワ・トゥンドゥプの父母尊」（nang ltar du lho ru dga' ba don grub yab yum）

7 「東に、タントラの尊格セルワ・ランジュンの父母尊」（nang ltar du shar du gsal ba

rang 'byung yab yum）

8「中央に、タントラの尊格クンナン・キャプパの父母尊」（nang ltar du dbus su kun snang khyab pa yab yum）

9「北に、タントラの尊格ゲラ・ガルチュクの父母尊」（nang ltar du byang du dge lha gar phyug yab yum）

10「西に、タントラの尊格チェダク・グーメの父母尊」（nang ltar du nub tu bye brag dngos med yab yum）

銘文にはキャプションⅡの11～15の尊格名が記されておらず、『四輪結合』にも記載がないが、彼らは五族の忿怒尊（khro bo rigs lnga）である。

16 横に五列、縦に一六行の表枠の中に、全部で八〇種の〝涅槃の特質〟(mya ngan las 'das pa'i yon tan) が列挙されている〔この図では小さくてわからないが、拡大すると文字が書かれている〕。横五列は左から順に青・白・黄・緑・赤の光明を、縦一六行はそれぞれの光明が投影する事象を表している。この部分には八〇種の〝涅槃の特質〟がただ列挙されているだけなので、銘文の翻訳は行わなかった(八〇種の〝涅槃の特質〟については表Iを参照されたい)。また、その思想と意味については二〇四—五頁に述べた通りである。ここに見える銘文は『四輪結合』(pp.452, l.3 – 456, l.5) からの引用である。

17 青い光明('od sngon po)

18 黄色い光明('od ser po)

19 白い光明('od dkar po)

20 緑の光明('od ljang khu)

21 赤い光明('od dmar po)

22 「自分が見ているものが自己から顕れたものであり、そして幻影であることを、忽然と理解する。すると涅槃の状態が顕れる。この状態は自然に顕れる。涅槃の状態を体験するプロセスについては、『燈明』(*sGron ma*) に次のような記述がある。

i　まず、ヴィジョンが増大する。散らばった水銀が結集していくかのようなヴィジョンを体験する。

ii　次に、ヴィジョンが増加する。虚空に輝く太陽と月が見える。五仏の光輪が見える。精髄の環でできた光の宮殿が見える。

iii　さらに、ヴィジョンが拡大する。五仏の曼荼羅が見える。

iv　そして、ヴィジョンが完成する。自然に生まれた手印（ムドラー）の曼荼羅が見える。光の曼荼羅の国土が見える。

v　最後に、究極のヴィジョンを体験する。光明は明知そのものから放射されている。光明は水面に映る月のように実体がない。あなたは、自分が知覚しているものが、究極的には真実ではなく、自己の心から顕れ出たものにすぎないことを悟る。知覚の迷妄性が明らかになれば、あなたはもう知覚に欺かれることはない」

(rang snang sgyu ma lhag ge rtogs/ rtogs pa(s) mya ngan 'das pa shar/ rnam sprul shugs la shar ba ste/[14] de'ang sgron ma las/

i　dang po snang ba 'phel bar 'gyur/ dngul chu 'thor 'dril nang (bzhin) du mthong/

ii　de nas (snang ba mched par 'gyur)/ mkha' la nyi zla lhag ltar mthong/ rigs lnga 'od kyi 'khor lo mthong/ thig le 'od kyi gur khang mthong/

iii　de nas snang ba rgyas par gyur/ rigs lnga rdzogs sku dkyil 'khor mthong/

iv　de nas snang ba rdzogs par gyur/ lhun grub phyag rgya'i dkyil 'khor mthong/ snang ba 'od kyi dkyil 'khor

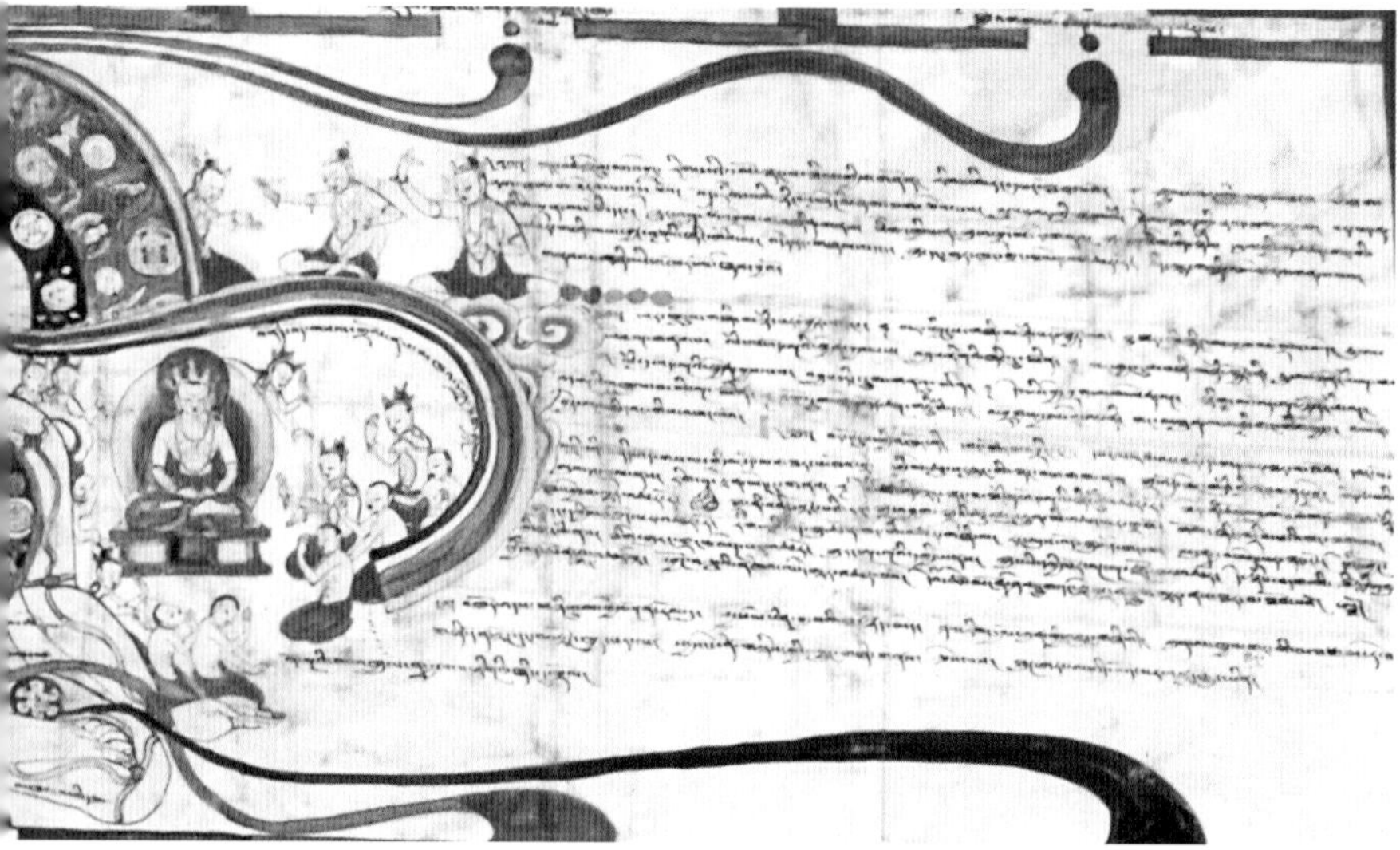

(zhing khams) mthong/ cho ’phrul g.yo ’gyur (’gul) med par mthong/

v　de nas mtha’ dag (mthar thug) snang ba char/ ’od ni rig pa’i rang ’od ste/ zer ni snang (stong pa’i rang) ’od gzha’ ’od tshul/... ’khrul ba’i phug(s) chod ’khrul mi srid/ ces so/)[15]

23　この部分には、いくつかのデーヴァナーガリー文字と尊像と仏塔が描かれているだけで、銘文はない。

24　「（もし）明知がヴィジョンを追いかけず、ヴィジョンを支配するようになれば、明知はふたたび自由を取り戻す（その際に体験されるヴィジョンは、次のようなものである）。

幻術で作り出されたような、光の蜘蛛の巣と鎖が吊り上がるヴィジョンが顕れる。それは光り輝く明知の心髄、慈悲の鎖であり、銀の糸のようにも、水晶の糸のようにも見える。糸と糸は、豆粒あるいは

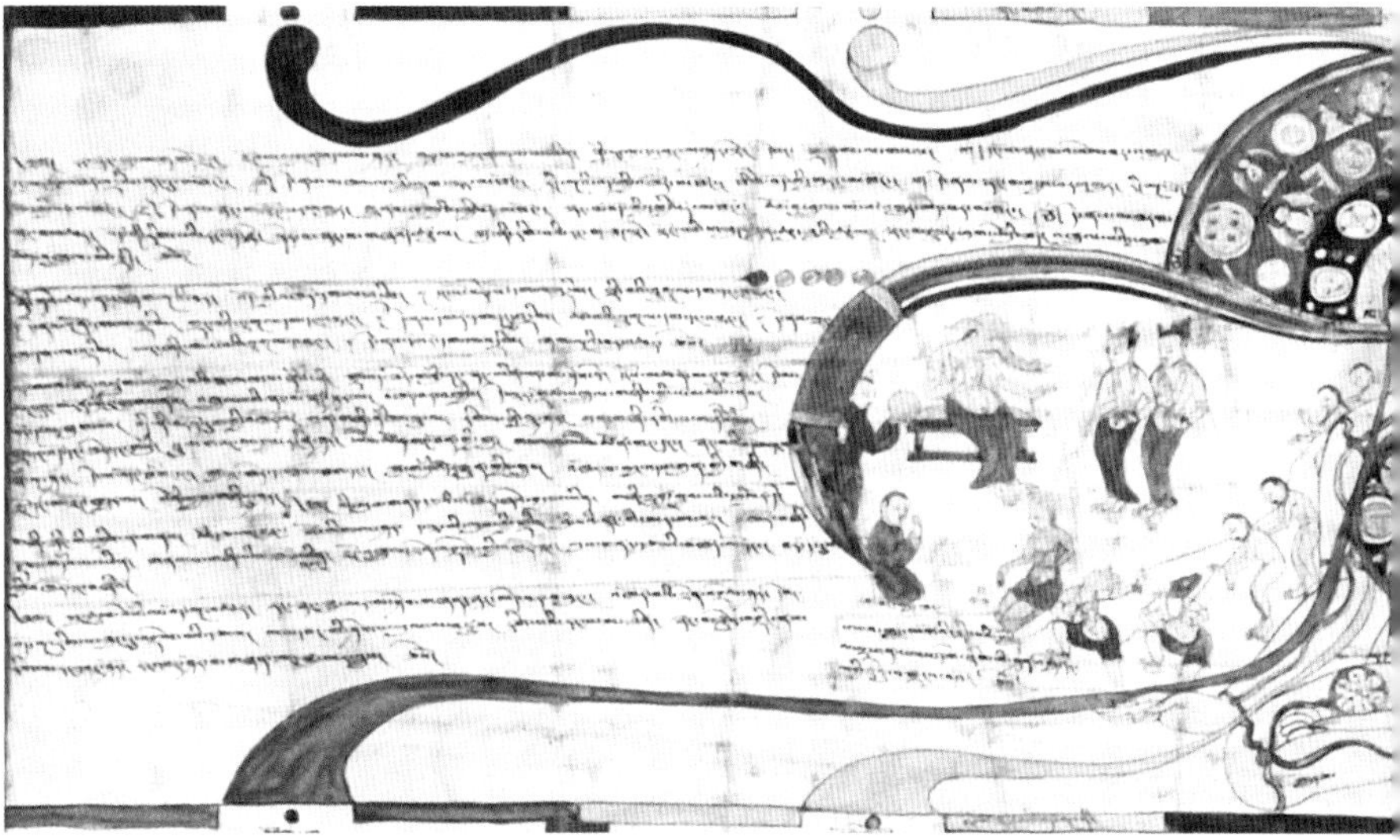

芥子粒ほどの大きさの精髄の環で繋がれている。そして精髄の環の中にはさらに小宇宙が広がっている。このように、ヴィジョンの源であるイェシェ・ツゥンカン[16]から、無限の仏、光の宮殿、光の精髄の環のヴィジョンが、十方の浄土へと放射される。原初の土台はこのようにして、原初から存在している。以上の教えを〝止住する土台〟の輪と呼ぶ」。

(snang ba’i rjes su ma ’breng (pas)/ rig pa’i rgyal po(s) snang ba zil gyis gnon/rig pa’i(s) snang ba la rang dbang thob pa’o[17]/ rdzu ’phrul zer gyi dra ba mthong/ ba thag nyag thag gzengs ba ’dra/ ces so[18]/ ’od rig pa’i snying po thugs rje nyag thag ces pas/ dngul dkar kyi skud pa’am/ shel dkar gyi nyag thag[19] lta bu la/ bar bar na thig le sran ma tsam dang/ nyung ’bru tsam ’brel ba bzhin gnas/ thig dkyil na skug (sku) phra mo re gnas/ sku dang thig le ’di rnams/ dbus kyi ’od tshon gang gi ’char gzhi las phyogs bcu’i zhing khams la/ ’od zer gzhal yas dang/ sku dang gur khang grangs med pa ’char ro/ ’di ltar gzhi ye nas gnas pas/ gnas pa gzhi yi 'khor lo zhes bya'o/)[20]

25

「肉体が死んだ後、五日間、
意識は様々な光輪と絡み合う。
最初に黄色い光輪と絡み合い、
意識は押しつぶされるような苦しみを感じる。
次に青い光輪と絡み合い、
意識は寒さに苦しむ。
次に赤い光輪と絡み合い、
意識は熱に苦しむ。
そして緑の光輪と絡み合い、
無重力の苦しみをあじわう。
これらの光は五日間にわたって顕れる」。

(rnam shes chad nas zhag lnga'i bar/
'od kyi 'khor lo dag la 'dril/
dang po ser po dag la 'dril/
lji ba'i sdug bsngal dag dang (kyang) 'byung/
de nas sngon po dag la 'dril/

grang ba’i sdug bsngal dag dang (kyang) ’byung/
de nas dmar po dag la ’dril/
tsha ba’i sdug bsngal dag dang (kyang) ’byung/ de nas ljang khu dag la ’dril/ yang g.yo ba’i sdug bsngal (dag kyang) ’byung/
de nas zhag lnga’i bar la ’dril/ zhag lnga’i bar ’char/ ces so/)[21]

26

「〝光明〟の瞑想を実践したことがない凡夫たちは、音・光・光線を伴うヴィジョンを体験するとき、それが自己から顕れたものであるということを理解できず、それを実体的なものとして捉える。その結果、ヴィジョンは、憎悪、欲望、無知の対象となる。さらに、虚妄のヴィジョンが次々に顕れ、凡夫を輪廻のサイクルへと連れ戻す。つまり、迷いと解脱とを分かつ境は中有にある。以上の教えを〝中有の時〟の輪と呼ぶ。

虚空の如き一切の土台に、
太陽の如き明知が昇る。
一切の土台と明知は不二であり、
そこから音や光や光線が顕れる。
それはボンの身体であり、
イエシェ・ツゥンカン[22]である。

それは五色の光明に包まれ、
精髄の環や鎖の形や、諸仏の姿をしている。
それは三身の自然なあらわれであり、
輪廻と涅槃が生まれる原初の根源である。
これを悟るかどうかによって、
有情と覚者の違いが生まれる」。

('od gsal sgo(r) 'jug ma myong ba'i tha mal pa rnams ni/ sgra 'od zer gsum rang snang yin par mi shes te/ dngos po mtshan mar bzung ngo/ de la chags sdang mngon (rmongs) gsum zhugs nas/ 'khrul ba'i snang ba sna tshogs shar la/ 'khor bar 'khyams/ de ltar grol 'khrul gnyis gyi so mtshams nas (ni) bar do la zhugs so (thug pa'o)/ 'di ni bar do dus kyi khor lo'o/[23]

kun gzhi nam mkha' lta bu la/
rig pa nyi ma lta bu shar/
kun gzhi rig pa gnyis med pa/
sgra dang 'od dang zer dang gsum/
sdus gsang (sus gang) ma byas rang bzhin shar/
ye shes tshon gang bon gyi sku/
gsal ba'i 'od mdangs snam (rnam) lnga shar/

de la ’od dang thig le dang/
sku dang zer dang nyag thag dang/
sku gsum ’od zer lhun gyis grub/
’khor ba myang ’das kun gyi gzhi/
rtogs dang ma rtogs khyad pa la/
sems can sangs rgyas gnyis su shar/)[24]

27　「五つの光明は菩提心に顕れる。自己から顕れたヴィジョンは幻影であり、他から生じたヴィジョンは存在しないことに気づかなければ、やがて輪廻の兆しが現れる。まず、五つの光明と明知が結合し、感官が外部の対象を知覚するようになる。〔つまり〕明知は自身の土台にとどまることができず、幻影のヴィジョンを追いかけるようになるのである。その結果、明知は自由を失う。明知は、種々のヴィジョンの出所を自己以外のものに求め、そして、幻影のヴィジョンに欺かれるようになる」。

(byang chub sems la ’od lnga ’char/ rang snang sgyu mar ma shes gzhan snang med par (yod par) bzung/ ’khor ba’i rten ’brel shar/ de’ang ’od lnga rig pa zung du ’brel ba’i rtsal las/ dbang gi (po’i) shes pa yul la ’jug/ rig pa’i (pas) rang sa ma zin/ snang ba(’i) rjes su ’brong (’breng bas) rig pa rang dbang shor/ rang dbang shor ba(s) gzhan dbang sgyu mar (mas) bslus/ ces so/)[25]

28　これは人が死んだあと、象頭のヤマ（閻魔）の前に引き出される場面である。ヤマは、彼の右側に立つ者が持つ鏡と、目の前に立つ二人が投じる白黒の小石を頼りに、死者を裁く。銘文には「アワ・

ランゴは存在の鏡を覗き込み、業の小石を数えて、人が罪を犯したのか、善を為したのかを判断する」と記されている。

(a ba glang mgo’i(s) srid pa’i me long la (b)lta nas las dge sdig shan ’byed do/ las kyi rde’u bsgrangs ba’o/)

29 シェンラ・ウーカルが徳のある人びとに教えを説いている。この図と28の図は、ゾクチェン思想と直接的な関連はない。

30 「〝真理の光明の中有[26]〟において解脱し、天に昇る」
(bon nyid ’od gsal grol nas mkha’ spyod la gsheg(s) pa/)

31 「上昇[27]の四つの時[28]の和合とは以下の通り。
意識が霊的な脈管の内部を上昇するとき、意識は五つの清浄性を離れ、
五つの原初の智慧を因とし、
五つの光明を縁とし、
五仏の世界で果を得る。
下降の四つの時の和合とは以下の通り。
i (銘文欠如。おそらく、意識が霊的な脈管の内部を下降するとき、意識は五つの汚濁にまみれ…)
ii 五つの煩悩を因とし、

iii　五つの光を道とし、

iv　六道の世界で果を得る」。

（yar gyi dus bzhi mnyam par sbyor ba dang/ mar gyi dus bzhi mnyam par sbyor ba dang/ yar gyi snyigs dangs[29] grol ba de/ rgyu la ye shes lnga gnas pa/ lam la 'od lnga'i rkyen byas pa/ 'bras bu rigs lnga'i zhing du smin/ mar gyi dus bzhi mnyam sbyor ni/ rgyu la nyon mongs lnga gnas pa/ lam la 'od lnga'i rkyen byas pa/ 'bras bu rigs drug gnas su smin/ de yi bye brag lag len lnga/ snyigs ma 'od lnga nyon mongs lnga/ 'od lnga'i 'khrul ba lam lnga smin/ 'gro drug zhe sdang 'dod chags gti mug dang/ 'phra(g) dog nga rgyal sde la ni/ gang mthun las kyi gang gi kyang/ 'phen byed las dbang gis 'phang ba'o/）[30]

32

〝中有の時〟の輪は、上根の人（優れた素質や能力を持つ者）と、中根の人（中程度の素質や能力を持つ者）が学ぶべき教えである。上根の人は中有を経験することなく解脱する。中根の人は〝真理の光明の中有[31]〟（bon nyid od gsal）を体験した後、解脱する。即ち中根の人は、火・水・地・風などの外部の諸元素のヴィジョンが消滅していく状態を体験し、次に音・光・光線を知覚し、その後、身体からの分離という事態を体験することになる。そして、明知が身体という依り所を離れた瞬間、五色の光明でできた極楽浄土のヴィジョンを体験する。色とりどりの絹の反物を広げたような、実体のない不可思議な光線の放散を目の当たりにする。雷鳴のような空《くう》なる音が絶えず聞こえてくる。このとき、瞑想に慣れ親しんだ人びとは、諸尊や曼荼羅のヴィジョンを見る。瞑想の達人は、自己のウーク・ツゥンカンのはたらきにより、自分が表も裏もない透明な存在だと感じる。その後、極楽浄土に無数の精髄の環と光の宮殿が顕れる。精髄の環の中心には、光でできた五つの宮殿があり、各宮殿には五つの曼荼羅がある。このようなヴィジョンが、心臓の中心にあるウーク・ツゥンカンから十方の虚空に顕れる。その瞬間、瞑想の達人は六つの神通力[32]と六つの想起力[33]を獲得し、解脱を得る」。

(bar do dus kyi ’khor lo ni/ dbang po rab ’bring ngo/ dbang po rab la bar do med par thar pa thob/ dbang po ’bring ni bon nyid ’od gsal gyi bar do las thar pa thob ste/ phyi me chu sa rlung gi snang ba ’gags nas/ sgra ’od zer gsum gyi snang ba shar ste/ gdos pa’i lus dang bral nas/ rig pa rten med du gnas/ de’i tshe ’di ltar snang ba thams cad ’od lnga’i zhing khams su ’char ro/ zer ni cho ’phrul dngos (nges) med mthong/ za ’og snam bu kha phye ba ltar ’char ro/ sgra ni bon nyid stong pa’i rang sgra ’brug sgra’i tshul du rgyun mi ’chad par grag go/ gom zhing ’dris pa’i gang zag la/ sku dang dkyil khor rdzogs par ’char ro/ rig lnga’i (pa) ’od sku tshon gang gi ’char gzhi la/ rang lus ’od sku ’dom gang ba mdun rgyab med par snang ngo/ de’i phyogs kyi zhing khams nas (phyogs bcu’i nam mkha’ la)/ thig le(’i) gur khang grangs med par ’char ro/ (de’i thig le re re la yang gur khang lnga lnga rdzogs par ’char te/ gur khang lnga’i dkyil na sku’i dkyil ’khor lnga lnga rdzogs par ’char ro/ de rnams bdag gi tsi ta’i dbus kyi ’od (kyi sku) tshon gang gi ’char gzhi las/ phyogs bcu’i nam mkha’ la de ltar ’char ba’o/ de’i tshe mngon shes drug dang rjes dran drug etar (shar) nas thar pa thob pa’o[34]/)

33「五つの光に欺かれなければ、あなたは五仏の国土へと解放される」。

(’od lnga ma ’khrul na rgyal ba rigs lnga’i zhing du grol/)

34
「輪廻と涅槃が分かれる前、衆生と仏陀という区別はなかった。シェーリク・ギャルポは一切の現象の土台であり、すべてに浸透しているが、それにもかかわらず、いかなるものとも接触することがない。
原初の土台を知るか知らないか、この違いが仏陀と衆生という二者を生み出す。この詩偈は本来、中央に座す人物の心臓部の環に記されるべきものである。……」
（a ’khor ’das gnyis su ma gyes sngon rol du/ sangs rgyas sems can bya ba’i tha snyad med/ shes rig rgyal po kun gyi ’byung gzhi ’di/ kun la khyab kyang gang gi mtha’ ma reg/ gzhi don rtogs dang ma rtogs khyad par la/ sangs rgyas sems can gnyis kyi ’byung gzhi gnas/ ces pas/ thugs ka la ’di mod pa ’dzud rgyu yin）[35]

35
この円は第三の輪を表している。銘文には「一切の土台は、空なる自己の音を轟かせて…」（kun gzhi stong pa’i rang sgra sgrogs ste/）とある。このあと、銘文はキャプションⅡの35ａに続く。
「これは〝身体の要所である脈〟の輪である。自然成就の（他に依ることなくおのずと成立した）土台の曼荼羅は、心臓の中心にある。それは脈管を通路とし、両眼を門としている。それはいま、身体によって覆い隠されており、壺の中に置かれた燈明のような状態にある。以上が『四輪結合』（’khor lo bzhi sbrags）の教えである」。
（’di lus gnad rtsa’i ’khor lo zhes bya ba ni/ gzhi lhun gyis grub pa’i dkyil ’khor de/ gzhi snying gi dkyil na gnas/ lam rtsa la byung/ sgo mig la shar/ da lta mi lus kyis sgrib/ bum pa’i nang gi mar me ’dra/ ’khor lo bzhi sbrags gdams pa yin/ gnas pa gzhi’i ’khor lo dang/ rtogs ’khrul rten ’brel gyi ’khor lo dang/ lus gnad rtsa yi

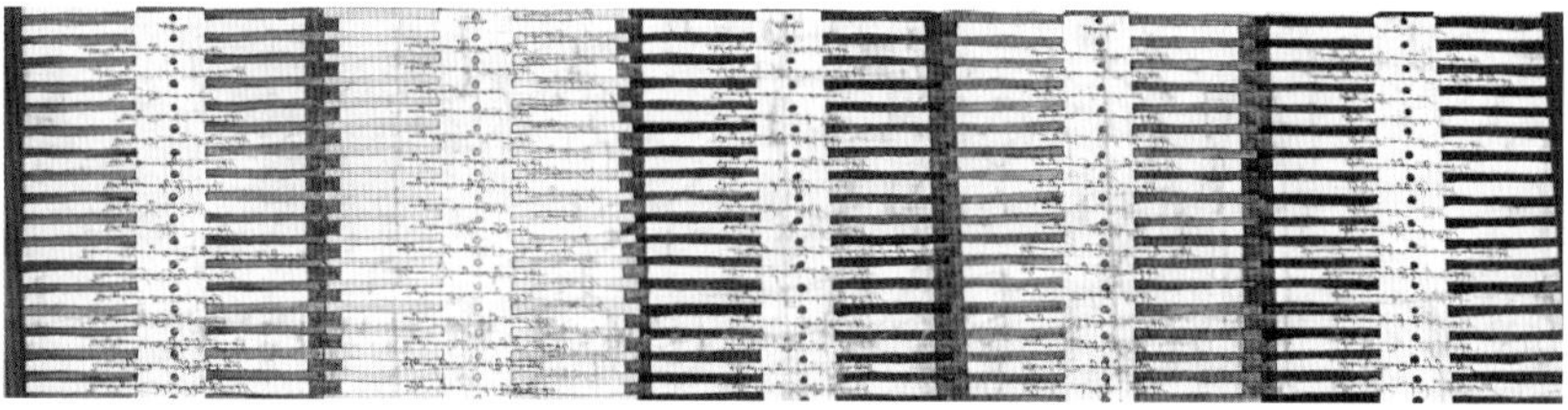

'khor lo dang/ bar do dus kyi 'khor lo dang bzhi'o/)

36 肝臓（mchin pa）の脈管

37 脾臓（mtsher ba）の脈管

38 肺の脈管（glo rtsa）

39 腎臓の脈管（mkhal ma'i rtsa）

40 緑の光（'od ljang khu）

41 黄色い光（'od ser po）

42 青い光（'od sngon po）

43 赤い光（'od dmar po）

44 群青色あるいは白い光（'od mthing kha'am dkar po）

45 輪廻の状態が表現されている。輪廻の状態は一六のカテゴリーに分類され、各カテゴリーはさらに五つに分類されるので、全部で八〇になる（八〇種の〝輪廻の縁起〟）。これらの状態は、緑・黄・青・赤・白のいずれかの光によって、人間の心に投影される。八〇種の〝涅槃の特質〟（キャプションⅡ・16）の場合と同様、ここに記される銘文も反復が多いので全訳はしない（表Ⅱ参照）。その思想と意

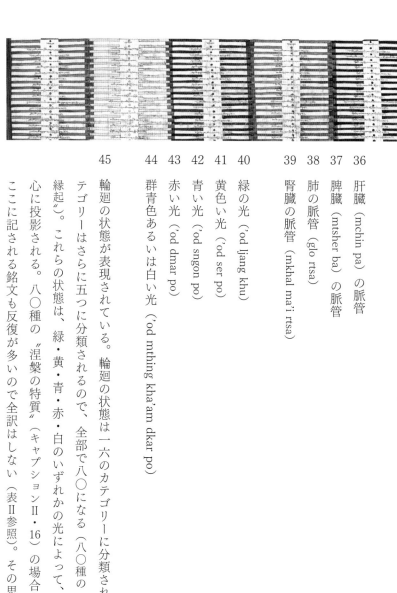

味については先述の通りである（二〇四―五頁参照）。この銘文は *KhZh*（pp.457, l.1-460, l.4）からの引用である。

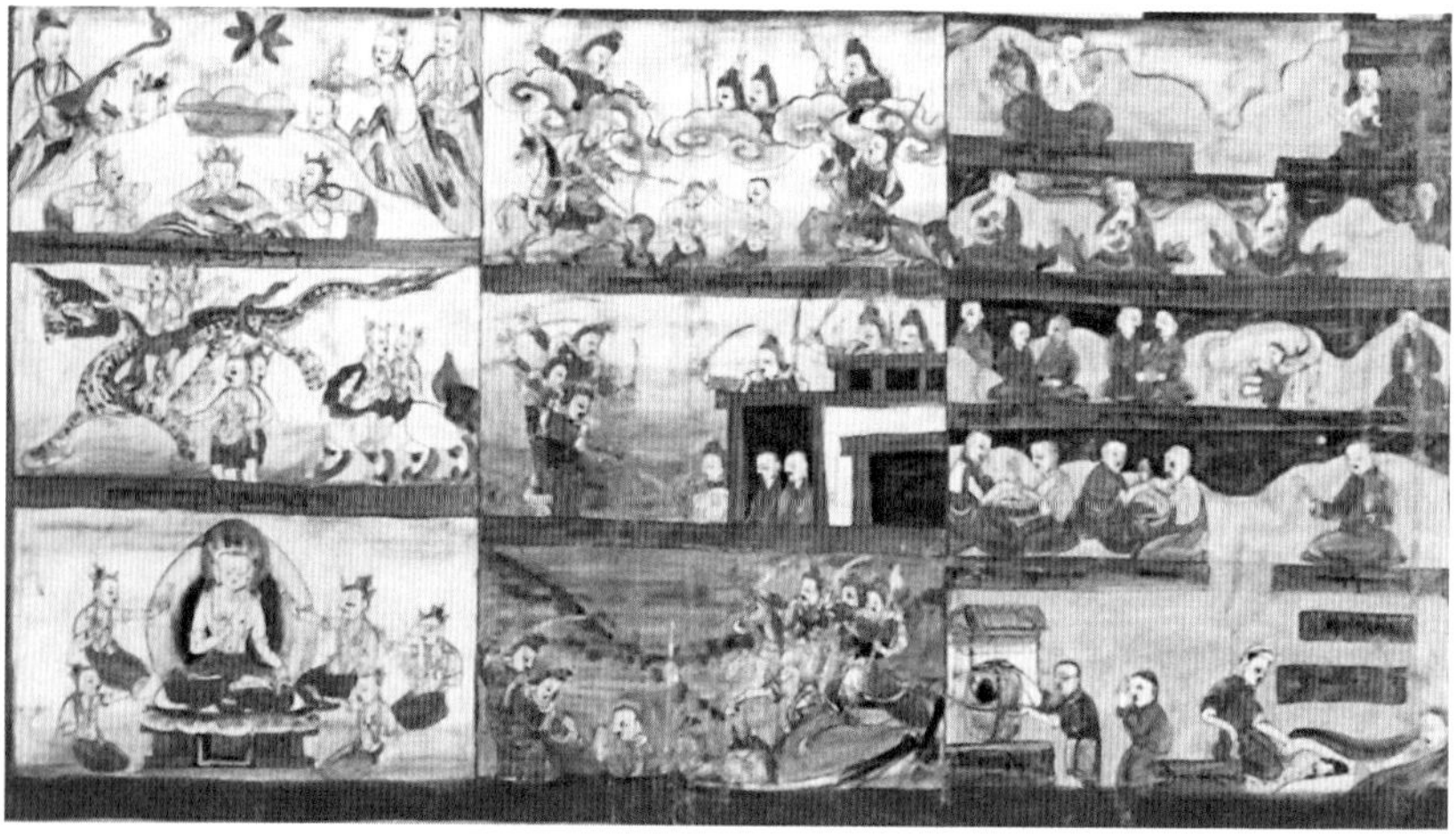

46 「誤ったた禅定に陥ったツェリン・ラ」(bsam gtan gol ba tshe ring lha yi 'du shes med)
47 「色界にある一七種の世界（色界一七天）」(gzugs khams gnas rigs bcu bdun tshul)
48 「神と阿修羅の戦場」(lha dang lha min 'khrugs rtsod pa'i gnas)
49 「輪を転じる人びと」('khor lo bsgyur ba'i mi)
50 「ユンドゥン・キムドゥンで暮らす人びと」(g.yung drung khyim bdun mi)
51 「花の中に住む人びと」(me tog sbub gnas kyi mi)
52 「東勝身洲《とうしょうしんしゅう》・北倶盧洲《ほっくるしゅう》・西牛貨洲《さいごけしゅう》に住む人びと」(shar zlum pa'i mi/ byang sgra mi snyan/ nub ba glang spyod kyi mi/)
53 「医者、病人、老人」(sman pa nad pa rgas pa)
54 「若者」(gzhon pa)
55 「南瞻部洲《なんせんぶしゅう》に住む人びと」(lho 'dzam (bu) gling)

56「最上の出生」（skye mchog）

57「出生」（skye ba mngal）

58「死」（’chi ba）

59「地上の動物と空の動物」（mkha’ la rkyen thar byol song）

60「食物と飲物を守る欲深い人びと」（zas skom bsrung ’dug）

61「外障餓鬼界の女王カバルマ（ギャルモ・カバルマ）」（phyi yi sgrib pa can/ yi dwags rgyal mo kha ’bar ma/ za dbang med/）

62「内障餓鬼界の餓鬼たち」（nang gi sgrib pa can）

64「餓鬼の世界」（sgrib pa can gyi sgrib pa’i gnas）

65 三種の地獄（yang shi yang gsos/ phor ru ’obs pa/ rdzun du lab pa/）

66 二種の地獄（nyi tshe dmyal ba/ nye ’khor dmyal ba）

67 寒冷に責め苦しめられる八種の地獄（八寒地獄）（grang ba’i dmyal ba brgyad yin）

おわりに

本書では『シャンシュン・ニェンギュ』に収録される『師資相承伝』を主たる文献資料としながら、タンカIに描かれる人物の同定を試みた。『シャンシュン・ニェンギュ』にはゾクチェンの口伝が多く収録されており、それらの口伝は西チベットのシャンシュン国に起源を有するとされている。また『師資相承伝』には、伝統を守りながら教えを受け継いだ導師たちの生涯が記録されている。『シャンシュン・ニェンギュ』における『師資相承伝』の主たる機能は、この教説に纏わる様々な伝承に史実性を与えることにある。

また本書では、ゾクチェンの理論を纏めた『四輪結合』(*KhZh*)を資料として用いながら、タンカIIの絵解きを行った。『四輪結合』は、現象世界の根源としての光という概念を説き、またゾクチェンの成就者と彼を取り巻く世界との関係、即ち、彼と現象世界との関係、および超越論的世界との関係について説明している。『四輪結合』も『シャンシュン・ニェンギュ』に収録される教典の一つであるが、同書はゾクチェンの基本教理を簡潔に整理した綱要書の一つとして位置付けることができる。

タンカIは、伝記としての性格を持つ『師資相承伝』の記述に基づいて制作されたものであり、そこに描かれるのは悟りを遂げた導師たちの姿である。それゆえこのタンカは、悟りを求めて修行に邁進する人びとにとって、崇拝の対象となり得るものである。また心の本質を探究する人びとは、このタンカを見るとき、彼らが尊崇する導師たちの人生を思い出すことになるだろう。一方、『四輪結合』は釈義的な書物であり、それゆえ同書に基づいて制作されたタンカⅡの趣旨は、ゾクチェンの教理を明確に提示し、それによって人びとを教化することにあったと考えられる。

このように本書で扱った資料は、それぞれ異なった仕方で修行者たちの瞑想の手助けをしているのである。またこれらの資料は、ボン教徒たちがゾクチェンの教法を伝承してきたことを裏付ける稀少な証拠であると同時に、文献と図像との間に密接な関係が認められるという点でも、非常に興味深いものである。

表 1　80 種の“涅槃の特質”（涅槃の功徳）（Mya Ngan Las 'Das Pa'i Yon Tan）

		1	2	3	4	5
1	zhing-khams lnga, 五つの極楽浄土	dbang-ldan bkod-pa, 南	mngon-pa dga'-ba, 東	lhun-gyis grub-pa, 中央	rnam-par dag-pa, 北	bde-ba can, 西
2	dkyil-'khor lnga, 五つの曼荼羅	chu'i dkyil-'khor, 水の曼荼羅	sa'i dkyil-'khor, 地の曼荼羅	nam-mkha'i dkyil-'khor, 空の曼荼羅	rlung-gi dkyil-'khor, 風の曼荼羅	me'i dkyil-'khor, 火の曼荼羅
3	'bras-bu lnga, 五つの果	yon-tan, 功徳	sku, 御身	thugs, 御心	'phrin-las, 偉業	gsung, 御言葉
4	ye-shes lnga, 五つの智慧	bya-grub ye-shes, –	me-long ye-shes, –	stong-nyid ye-shes, –	mnyam-nyid ye-shes, –	sor-rtog ye-shes, –
5	stobs lnga, 五つの力	yangs-pa chen-po, 平静	ye-shes chen-po, 智慧	byams-pa chen-po, 慈愛	zhi-ba chen-po, 寂静	sbyin-pa chen-po, 寛容
6	rigs lnga, 五族	rin-chen rigs, 宝珠	g.yung-drung-rigs, 万字（卍）	de-zhin-rigs, ？	'khor-lo'i-rigs, 輪	padma'i-rigs, 蓮華
7	sku lnga, 五身	mngon-byang-sku, –	rdzogs-sku, –	bon-sku, –	ngo-bo nyid-sku, –	sprul-sku, –
8	lha lnga, 五神	rgod-gsas, –	gsas-rje, –	gshen-lha, –	gar-gsas, –	gnam-gsas, –
9	yul lnga, 五境	sgra, 声	reg-bya, 触	gzugs, 色	dri, 香	ro, 味
10	dbang-shes lnga, 五識	snyan-kyi shes-pa, 耳識	sku'i shes-pa, 身識	spyan-kyi shes-pa, 眼識	shangs-kyi shes-pa, 鼻識	ljags-kyi shes-pa, 舌識
11	dbang-po lnga, 五根	rna'i dbang-po, 耳根	sku'i dbang-po, 身根	spyan-kyi dbang-po, 眼根	shangs-kyi dbang-po, 鼻根	ljags-kyi dbang-po, 舌根
12	mdzod lnga, 五つの器	khrag-'dzin, 血	sha-'dzin, 肉	yid-'dzin, 意識	dbugs-'dzin, 息	srog-'dzin, 命
13	yan-lag lnga, 五肢	zhabs-g.yon, 左脚	phyag-g.yon, 左腕	dbu, 頭	zhabs-g.yas, 右脚	phyag-g.yas, 右腕
14	gzhi lnga, 五つの動脈	rka-thur khrag-'dzin, 血の動脈	kog-tse sha-'dzin, 肉の動脈	she-thun rtsa-'dzin, 心臓の動脈	rlung-thun seg-'dzin, 風（霊気）の動脈	she-thun drod-'dzin, 暖の動脈
15	klong lnga, 五つの領域	chu'i lha-mo'i klong, 水の女神の領域	sa'i lha-mo'i klong, 地の女神の領域	nam-kha'i lha-mo'i klong, 虚空の女神の領域	rlung-gi lha-mo'i klong, 風の女神の領域	me'i lha-mo'i klong, 火の女神の領域
16	dbyings lnga, 五つの空間	chu'i dbyings, 水の空間	sa'i dbyings, 地の空間	nam-mkha'i dbyings, 虚空の空間	rlung-gi dbyings, 風の空間	me'i dbyings, 火の空間

表 II　80 種の " 輪廻の縁起 "（'Khor-Ba'i Rten-'Brel）

		1	2	3	4	5
1	phyi-'byung lnga, 外の五大	rlung, 風	sa, 地	chu, 水	me, 火	nam-mkha', （虚）空
2	nang-'byung lnga, 内の五大	dbugs, 息	sha, 肉	khrag, 血	drod, 暖	rnam-shes, 識
3	don lnga, 五臓	glo-ba, 肺	mcher-ba, 脾	mkhal-ma, 腎	mchin-pa, 肝	snying, 心（臓）
4	yan-lag lnga, 五肢	rkang-g.yas, 右脚	lag-g.yon, 左腕	rkang-g.yon, 左脚	lag-g.yas, 右腕	khog-pa, 胴（腹）
5	sog-snod lnga, 五つの器(五腑)	rgyu-long, 大腸	pho-ba, 胃	lgang-pa, 膀胱	mkhris-pa, 胆嚢	mngal, 子宮
6	dbang-sgo lnga, 五官	sna'i dbang-po, 鼻	lus, 身	rna, 耳	lce, 舌	mig, 眼
7	shes-pa lnga, 五識	sna'i rnam-shes, 鼻識	lus-kyi rnam-shes, 身識	rna'i rnam-shes, 耳識	lce'i rnam-shes, 舌識	mig-gi rnam-shes, 眼識
8	spyod-yul lnga, 五境	dri, 香	reg-bya, 触	sgra, 声	ro, 味	gzugs, 色
9	rgyu-dug lnga, 五つの煩悩(因の五毒)	nga-rgyal, 慢	gti-mug, 癡	'dod-chags, 貪	phrag-dog, 嫉	zhe-sdang, 瞋
10	las-spyod lnga,	ngag-'khyal, tshig-rtsug, 綺語、粗悪語	srog-gcod, rku, 'dod-log, 殺生、偸盗、邪淫	ser-sna, 吝嗇	ru-nga, khyad-bsad, 嫌悪、軽視	log-lta, 邪見
11	'bras-phung lnga, 五蘊	'du-byed-kyi phung-po, 行蘊	gzugs-kyi phung-po, 色蘊	tshor-ba'i phung-po, 受蘊	'du-shes-kyi phung-po, 想蘊	rnam-shes-kyi phung-po, 識蘊
12	'du-nad lnga, 五病	rlung-nad, 風の病	'dus-pa'i nad, （不明）	bad-kan, 痰の病	mkris-nad, 胆汁の病	nad 'du-ba rnam-bzhi, 四体液の病
13	skye-sgo lnga, 五つの生	rdzus-skyes, 化生	mngal-skyes, 胎生	sgong-skyes, 卵生	drod-skyes, 湿生	skye-ba rnam-bzhi, 四つの生（1）
14	rgyud-lam lnga, 五道	lha dang lha-min lam, 天道と阿修羅道	byol-song lam, 畜生道	yid-dvags-kyi lam, 餓鬼道	mi'i lam, 人間道	dmyal-ba'i lam, 地獄道
15	smin-'bras lnga, 五果	lha, lha-min, 天（神）、阿修羅	byol-song, 畜生	yi-dvags, 餓鬼	mi, 人間	dmyal-ba, 地獄
16	zhing-khams lnga, 五つの世界	rtsod-ldan, 闘争の世界	myos-ldan, 暴力の世界	bkres-skom, 飢餓の世界	bsod-ldan, 幸運な世界	sdug-ldan, 劣悪な世界

(1) " 四つの生 " はただ挙げられているだけで、特別な生のあり方を示しているのではない。

注〔BNなどの文献名の詳細は二三七頁の参考文献をご覧ください〕

はじめに

1 *Prajñāpāramitā, The Tibetan Tripitaka*, Tokyo, 1955, Vol.21, No.734, p.59 3-7: sems kyi rang bzhin ni 'od gsal ba'o/.

2 Karmay S. G. 1988a, pp.190-96.

3 古代チベット王たちの神話については、Karmay S. G. 1994を参照。

4 *Zhang zhung snyan rgyud ma nub pa'i gtan tshigs, ZhNy*, section Pa.

5 Bacot J., *et al*, 1940, pp.155-58.

6 Thomas F.W. 1933, 1967.

7 Karmay S. G. 1977, No.1.

8 Karmay S. G. 1977, No.22/3.

9 Haarh E. 1968; Stein R.A. 1971.

10 *BN*の木版本では、〝タピ・フリツァ〟を〝タピ・ラツァ〟(Ta pi ra tsa)と綴り、これはチベット語のギャルポ(rgyal po「王」)に対応するシャンシュン語であると注記している［p.26］。しかし実際は、〝ラツァ〟はシャンシュン語ではなく、サンスクリットで「王」を意味する〝ラージャ〟(rāja)の転写である。一方、〝フリツァ〟の通常の綴りはhri tsaであり、シャンシュン語語彙集(Haarh E. 1968)によれば、これはチベット語のキェウ(khye'u「少年」)に対応する。

11 *BN* p.15.

12 *BRDz* Vol.I, pp.112-18.

13 複数の文書から成る。*BRDz*（pp.118－19）参照。

14 *YNg* f.49b.

15 Snellgrove D.L. 1961, pp.110-37; 1967, Vol.I, pp.66-68.

16 Kværne P. 1974, K.108.

17 この儀軌は*KM*に収められている。

18 *BRDz* Vol.I, pp.118-19.

19 本書一三〇頁参照。

20 Kværne P. 1973.

第一部

1 Karmay S. G. 1988a, pp.43-44.

2 Karmay S. G. 1988a, pp.42-59.

3 本書七六頁参照。

4 *BN*, p.22.

5 Namkhai Norbu 1981, p.19.

6 *TsB*, p.14.

7 *LN*, p.589.

8 *GSh* (*ZhBK*, pp.31-146).

9 *BN*, pp.129-30' だが、この文献は彼の著作目録には記載されていない。

10 本書一九五―一九八頁を参照。

11 *BN*, pp.120-29.

12 書名については、第一部の注78の1を参照。

13 パ家の系譜については、*LShDz*（Karmay S. G. 1972, pp.9-10; 135-36）を参照。

14 *BN*, pp.129-30.

15 ボンの身体（bon sku）は、仏教の法身（chos sku, Dharmakāya）に相当する。

16 炒った大麦の粉。チベット人の主食。

17 シャンシュン・ニェンギュのタントラ部に属する儀礼。ただし『シャンシュン・ニェンギュ』にその儀軌は収められていない。ティーの法類に属する文献は出版されていないが、メリの法類についてはいくつかの文献が出版されている(Karmay S. G. 1977, No.23, 35 参照)。

18 サンガク（gSang sngags）、リクガク（Rig sngags）、ティーガク（This sngags）のこと。ボン教のタントラ分類法については、テトゥン・ギャルツェンペルの『ボン門明示』（Tre ston rgyal mtshan dpal, *Bon sgo gsal byed dang theg rim rtsa 'grel cha lag bcas kyi gsung bod, Dolanji*, H.P. 1978, p.281）を参照。

19 ツェワン・リクジンについては、Karmay S. G. 1972（pp. xxxii, n.4）、Blondeau A.-M. 1985（pp.123-32）を参照。

20 パンラ・ナムシェンについては、Karmay S. G. 1972（p.23）を参照。

21　ヤントゥンは三人目の妻との間に二人の息子と一人の娘をもうけた。長男はブムジェウー（キャプションⅠ・57）、次男はタシ・ギャルツェン（キャプションⅠ・58）であり、娘のジョチャムは後にイェシェ・ギャルツェン（キャプションⅠ・59）の母となった。*YNg*（f.43a）によれば、ジョチャムは尼僧であったと伝えられる。

22　ガナチャクラ（Skt. gaṇacakra, Tib. tshogs 'khor）のこと。参加者はトルマと呼ばれる供物を捧げ、自身の瞑想体験を即興詩（thol glu）で表現する。

23　これらの法類については本書一八頁を参照。

24　持明者（rig 'dzin, vidyādhara）は、ここでは一種のタントラ行者のことを指している。

25　ボン教のゾクチェンの基本聖典の一つ。Karmay S. G. 1977（No.52）参照。

26　ボン教の宇宙論に関する書物。Karmay S. G. 1977（No.1）参照。

27　『ダクパ・コルスム』（*bsGrags pa skor gsum*）のこと。ゾクチェンのある系統の教えについて解説する書物。*LShDz*（Karmay S. G. 1972, pp.154-56）、Blondeau A.-M. 1984（pp.89-120）参照。

28　『日光の飾り』（*Nyi 'od rgyan*）は『シャンシュン・ニェンギュ』（*ZhNy*）Ba巻に収められている。

29　シェン家の有力者であり、一一七三年にボン教寺院を創設した人物とされる。*LShDz*（Karmay S. G. 1972, p.132）参照。

30　*LShDz*（Karmay S. G. 1972, pp.9-10）参照。

31　タントラに説かれる尊格の一つ。Karmay S. G. 1972（p.45, n.2）参照。

32　タントラに説かれる尊格の一つ。Karmay S. G. 1972（p.45, n.2）参照。

33　*LShDz*（Karmay S. G. 1972, pp.3-6）参照。

34　無垢倶生（*dri med lhan skyes*）は、*sNyan rgyud rig pa gcer mthong*（Dolanji, H.P. 1972）の別名。

35　チベットの酒。大麦から作られることが多い。

36　人の姿が描かれた小さな紙片。死者の意識を象徴しており、ボン教の葬儀で用いられる。Kværne P. 1985（pp. 14-17; Plates XI, XXVII, XXVIII）参照。

37 *BN*（p.80）に八つの書名が記されている。

38 *'Dul ba gling grags*. Karmay S. G. 1977（No.65, 6）参照。

39 ここに挙げられるのは、一二世紀頃にニェモ・サンリで活躍したボン教僧たちである。ニェモ・サンリにはメゥ家が施主となって創建された重要なボン教寺院があった。*LShDz*（Karmay S. G. 1972, p.110）参照。

40 クンツ・サンポの変化相の一つ。*LShDz*（Karmay S. G. 1972, p.160）参照。

41 この人物の生涯については*LShDz*（Karmay S. G. 1972, pp.173-74）に短い記述がある。

42 *YNg*（f.49a）によれば、彼はサムリン寺の創設者であったとされる。

43 ボン教の守護母マチョク・シーペー・ギャルモのこと。Karmay S. G. 1975（p.200）参照。

44 ボン教の母タントラに属する法類。*LShDz*（Karmay S. G. 1972, pp.166-67）参照。

45 「〝虚空〟と〝心の本態の次元〟と〝真理の領域〟の三つ」（mkha' klong dbyings gsum）という表現は、ボン教の瞑想法について説く書物の中でよく用いられる。これらのうち〝心の本態の次元〟（klong）についてはSnellgrove D.L. 1967（n.71）参照。

46 イルトゥン・キュングーツェルの略伝については、*LShDz*（Karmay S. G. 1972, pp.173-74）、Blondeau A.-M. 1982-1983（pp.128-30）参照。

47 ルントゥン・ラニェンの略伝については、Karmay S. G. 1972（pp.113-15）参照。

48 マトゥン・シージンの略伝については、*LShDz*（Karmay S. G. 1972, pp.167-68）、Blondeau A.-M. 1982-1983（pp.128-30）参照。

49 Kværne P. 1973参照。

50 注34参照。

51 ドゥ・ギャルワ・ユンドゥンの著作のうち、シャンシュン・ニェンギュに関する書物は一九六〇年代にインドで出版された。これはキュンツゥン・ソナム・ギャルツェンの手によって*Zhang zhung snyan rgyud kyi nyams brgyud phyag khrid drang nges rin po che*というタイトルのもとで出版されたもので、経巻の体裁を持ち、全九章から成る。これはおそらく、*BN*（p.80）に彼の著作として挙げられている*rDzogs chen snyan rgyud kyi lag len dmar khrid*と同一のものである。

52 ここに言われる〝光明〟（'od gsal）は、ゾクチェンの修法の一つを指す。

53 『ダクパ・コルスム』（*bsGrags pa skor gsum*）と『ヤンツェ・ロンチェン』（*Yang rtse klong chen*）のこと。これらのゾクチェン教典については、*LShDz*（Karmay S. G. 1972, pp.154-56）を参照。

54 これらの家系については、*LShDz*（Karmay S. G. 1972, pp.1-11）を参照。

55 この教典については、Karmay S. G. 1977（No.14, 4）を参照。

56 ラ、シェン、シーは、ボン教の三尊。Karmay S. G. 1975b（pp.196-97）参照。

57 『師資相承伝』（*BN*, p.109）ではこのように、キュンポ・ランドル・ラマ・ギャルツェン（キャプションⅠ・64）の一番弟子はカルツァ・ソナム・ロドゥー（キャプションⅠ・66）であったとしている。同書では、キュンポ・ランドル・ラマ・ギャルツェンの伝記のあとに、アトク・イェシェ・リンチェン（キャプションⅠ・65）の伝記が続き、その後にカルツァ・ソナム・ロドゥーの伝記が収録されているが、アトク・イェシェ・リンチェンの伝記には、彼がキュンポ・ランドル・ラマ・ギャルツェンに会ったという記述が見当たらない。キュンポ・ランドル・ラマ・ギャルツェンからアトク・イェシェ・リンチェンへの相承は、実際には行われなかったのかもしれない。

58 Karmay S. G. 1975a（p. 576, n. 81）参照。

59 ワルセーと呼ばれる尊格群の一尊。Karmay S. G. 1972（p.45, n.2）参照。

60 『シャルウェー・トゥンデル』（*Shar ba'i don 'grel*）は、シャルワ・ネージョルの著作。*LShDz*（Karmay S. G. 1972, p.172）参照。

61 『ドゥンミ・ボンチュー』（*Drung mi bon gcod*）は、ボン教のチュー（gcod）の実践の解説書。ツェンデン・トゥンミ・ハラの著作を指していると思われるが、*LShDz*（Karmay S. G. 1972, p.194）に列挙されている彼の著作リストには、これと一致する書名がない。

62 彼の著作リストは*BN*（p.115）に記載されている。

63 注18参照。

64 ツォ（dzwo, tso, btso）は爆発する武器の一種。Snellgrove D.L. 1967（n.5）参照。

65 埋蔵教典（gter ma）は、古い時代に導師たちによって埋蔵され、後世、それを発掘すべく運命づけられたテルトゥン（gter ston）と呼ばれる人びとによって〝再発見〟されたと信じられている、特殊な教典群のこと。

66 鳥の名前。詳細不明。

67 タジク（rTag gzigs, sTag gzig）は現在のイランに比定される。ボン教の神話によれば、シェンラブ・ミウォの居住地はタジクにあるとされる。Karmay S. G. 1972（pp.xxvii-xxxi）参照。

68 チベット語ではチャクギャ・チェンポ（phyag rgya chen po）、即ちマハームドラー（Mahāmudrā）のこと。だが、ここではゾクチェンとほぼ同義に用いられている。マハームドラーとゾクチェンの関係については、Karmay S. G. 1988a（pp.197-200）を参照。

69 空性（stong nyid, śūnyatā）は仏教哲学の用語。

70 尊格の名称。Karmay S. G. 1972（p.45, n.2）参照。

71 一二世紀頃に活躍したギャプク・ジョセのことを指していると思われる。*BA*（p.727）参照。

72 ボン教のゾクチェン文献『ナムカー・チチュー』（*Nam mkha' spyi gcod*）のこと。*LShDz*（Karmay S. G. 1977, No.12）参照。

73 この教法については*KM*（pp.182-90）に短い教典が収録されている。

74 ボン教の教義をその深浅によって九つの段階に分類したもの。ボン教徒は九乗の教えをさらに三つに分類し、最初の四段階の教えを「因のボン」、次の四段階の教えを「果のボン」、九番目の教えを「ゾクチェンの教え」と呼ぶ。Snellgrove D.L. 1967参照。

75 人名。詳細不明。

76 「虚空の花」（nam mkha'i me tog）は、実在しないものの譬喩。この表現は哲学書の中でしばしば用いられる。

77 先述の通り、筆者の同定が正しければ、この人物はタンカIには描かれていないことになる。

78　彼の著書には次のようなものがある。1. *bsTan pa'i rnam bshad dar rgyas gsal sgron*（Karmay S. G. 1977, No.65, 22参照）、2. *gSang sngags rgyud 'debs chen mo*、3. *Yi dam spyi bskul*、4. *Phyi nang gsang gsum gyi tshogs bskang*、5. *Zhang zhung snyan rgyud bla ma brgyud pa'i rnam thar*（*BN*）.

第二部

1　*KhZh*（pp.449-64）.

2　'Khor lo rgyab yig dpe chung（*TsB*, p.12）。

3　同僚のペル・クヴェルネは私に、このタイプのツァカリ（おそらくドルポで蒐集したものと思われる）の写真を見せてくれた。またマシュー・カプシュタインによれば、シカゴのフィールド自然史博物館のラウファー・コレクションの中にも、同様のツァカリが五四点存在するとのことである。これも興味を惹かれるところである。

4　チベット語原文：gnas pa gzhi 'khor lo ma shes na/ sku gsum sems la rdzogs tshul mi shes/ rtogs 'khrul rten 'brel gyi 'khor lo ma shes na/ 'khor 'das gnyis kyi byung khungs mi shes/ lus gnad rtsa'i 'khor lo ma shes na/ phung po 'di'i 'og tu 'khrul ba'i gzhi rtsa mi chod/ bar do dus kyi 'khor lo ma shes na/ grol 'khrul gyi shan mi phyed/（*KhZh*, p.450, ll.2-4）.

5　キャプションIIの16と45。ここに記される銘文は反復表現が多いため本書では訳出しなかった。銘文の意味については後述する。詳細については*KhZh*（pp.452-460）を参照。

6　キャプションIIの35、および35a。

7　キャプションIIの17～21、および24～32。

8　キャプションIIの23。

9　キャプションIIの16。第二部・注5参照。

10　キャプションIIの45。第二部・注5参照。

11　キャプションIIの40～44。

12　六つの存在のありよう（六道）の詳細については*KhZh*（pp.452, l.3-456, l.5）を参照。

13 キャプションIIの22〜34。

14 この一文は『四輪結合』に見える一節（*KhZh*, p.452, ll.1-3）の要約である。

15 *GM*, pp.287, l.5-288, l.3.

16 明知（rig pa）の異名。ウー・ツゥンカン（'Od tshon gang）とも呼ばれる。*ZB*（pp.533, l.6-539, l.3）、Karmay S. G. 1988（pp.178-84）参照。

17 *KhZh*（p.452, l.2）.

18 *GM*（p.287, l.1）.

19 *ZB*（p.531, l.5）.

20 この銘文は文献からの引用ではない。

21 何らかの文献からの引用と思われるが、出典不明。

22 注16参照。

23 *KhZh*（p.464, l.2）.

24 銘文にあるsdus gsangは明らかに誤記だが、出典不明のため校訂できなかった。そのためこの一文は訳出していない。

25 この銘文は*KhZh*（p.457, l.1）と概ね一致する。

26 四種の中有（bar do）の一つ。

27 中有の状態にあるとき、意識は霊的な脈管の内部を上昇ないし下降すると考えられている。ここに言われる「上昇」（yar）と「下降」（mar）は、そうした意識の動きを指している。

28 四つの時（dus bzhi）とは次の通り。（1）〝原初の土台〟が止住しているとき（gzhi ye nas gnas pa'i dus）、（2）心と身体が結合しているとき（lus sems 'brel ba'i dus）、（3）心と身体が分離し、意識が〝光明の中有〟を体験するとき（lus sems so sor bral nas 'od gsal gyi bar do shar ba'i dus）、（4）意識が〝存在の中有〟へと迷い込み始めるとき（srid pa'i bar do la 'khyams pa'i dus）。*ZB*（p.545, ll.2-3）参照。

29 ダンマ（dangs ma）は、五色の光明が涅槃の状態を顕す事態、即ち五色の光明の清浄な状態を指している。一方、ニクマ（snyigs ma）は、五色の光明が輪廻の状態に堕していく事態を指している。*ZB*（p.550, l.2）参照。

30 出典不明。この銘文には様々な概念が凝縮されているため、訳文も分かりにくいものになった。しかしここで述べられていることは、『シャンシュン・ニェンギュ』のいくつかの文献、特に*ZB*（p.510）に説かれるものとほぼ一致している。

31 四種の中有（bar do）の一つ。

32 六つの神通力とは以下の通り。（1）前世と来世とを明白に知る能力（tshe snga phyi mngon par shes）、（2）業の因果を明白に知る能力（las rgyu 'bras mngon par shes）、（3）清浄な国土と不浄な国土を明白に知る能力（dag ma dag gi zhing khams mngon par shes）、（4）音・光・光線が顕れたとき、これこそが〝真理の光明の中有〟だと知る能力（sgra 'od zer gsum shar ba'i tshe bon nyid 'od gsal gyi bar do yin par shes）、（5）ラマの教えを思い出し、音・光・光線が自己から顕れたヴィジョンだと見抜く能力（tshe 'dir bla mas ngo sprad pas sgra 'od zer gsum rang snang yin par shes）、（6）〝明知の王（原初の土台）〟のありのままの姿を明白に知る能力（rang shes rig gi rgyal po'i gnas lugs mngon par shes）。*KhZh*（p.463, ll.2-3）参照。

33 六つの想起力（思い起こす能力）とは以下の通り。（1）これが死の訪れであると想起する能力（thog mar tshe 'phos par dran）、（2）これが中有であると想起する能力（de nas bar do yin par dran）、（3）これが明知が依り所を離れた瞬間であると想起する能力（de nas rig pa rten med du gnas pa dran）、（4）現世のヴィジョンとラマを想起する能力（de la brten nas tshe 'di'i snang ba dran/ bla ma dran/）、（5）ラマが教えた守護尊とラマの教えを想起する能力（bla mas bstan pa'i yi dam lha dang gdams pa rjes su dran）、（6）中有で体験される音・光・光線は自己の顕現に他ならないという、ラマの教えを想起する能力（gdams ngag la brten nas sgra 'od zer gsum rang snang yin par rjes su dran）。

34 *KhZh*（p.463, ll.2-5）参照。

35 何らかの文献からの引用と思われるが、出典不明。

参考文献

チベット語資料（略号）

BA　*Blue Annals*: Roerich G.N. 1988参照。

BN　*Bla ma rgyud pa'i rnam thar*（『師資相承伝』）*ZhNy*, *NyG* Ka.

BRDz　*dByings rig mdzod, dByings rig rin po che'i mdzod gsang ba nges pa'i rgyan* by Shar-rdza bKra-shis rgyal-mtshan (1859-1934), (Karmay S. G. 1977, No.73,4).

GM　*sGron ma drug gi gdams pa*, *ZhNy*, Pha.

GSh　*sNyan rgyud rgyas bshad chen mo*, *ZhBK*, 31-146.

KhZh　*'Khor lo bzhi sbrags*, *ZhNy*, Zha.

KG　*bKa' brgyud*.

KM　*sKya smug, Zhang zhung snyan rgyud bla ma'i nyams rgyud rgyas pa skya smug gnyis kyi gsung pod*, Tibetan Bonpo Monastic Centre, New Thobgyal, 1973.

LN　*Lo rgyus rnam thar*, *Zhang zhung snyan rgyud kyi lo rgyus rnam thar* by Bru rGyal-ba g.yung-drung (Karmay S. G. 1977, No.58, 11, A).

LShDz　*Legs bshad mdzod*, *Legs bshad rin po che'i mdzod dpyod ldan dga' ba'i char* by Shar-rdza bKra-shis rgyal-mtshan (Karmay S. G. 1972).

NyG　*Nyams brgyud* (*nyams su myong ba'i man ngag gi brgyud pa*).

TsB *rTsis byang them yig rgyas pa* by Yang-ston dPal-bzang, *ZhBK*, No.1, 1-16.

YNg *Ya ngal gdung rabs, rGyal gshen ya ngal gyi gdung rabs un chen tshangs pa'i sgra dbyangs* by Yang-sgom Mi-'gyur rgyal-mtshan.（リトグラフ版、出版年不明）

ZB *gZer bu nyer gcig gi 'grel ba*, *ZhNy*, Ra.

ZhBK *Zhang zhung snyan rgyud bon skor*, Delhi 1974.

ZhNy *Zhang zhung snyan rgyud* (*History and Doctrine of Bon-po Nispanna-yoga, Satapitaka Series*, Vol.73, New Delhi 1968).

欧文資料

Achard J.L.

1992 *Le Pic des visions, études sur deux techniques contemplatives dans les traditions rnying-ma-pa et bonpo de la Grande Perfection,* Paris.（未刊論文。『シャンシュン・ニェンギュ』Tsha巻のフランス語訳を含む）

Bacot J., Thomas F.W., Toussaint Ch.

1940 *Documents de Touen-houang relatifs à l'histoire du Tibet*, Paris.

Blondeau A.-M.

1982-83 *Annuaire, Résumés des conférences et travaux*, Tome XCI, École Pratique des Hautes Études, Ve section, Sciences religieuses, 123-31.

1984 "Le 'Découvreur' du Mani bKa'-'bum était-il Bon-po?" L. Ligeti (ed.), *Tibetan and Buddhist Studies, Bibliotheca Orientalis Hungarica*, Vol. XXIX/1, Budapest, 77-123.

1985 "mKhyen-brce'i dban-po: La biographie de Padmasambhava selon la tradition du *bsGrags-pa Bon*, et ses sources", G. Gnoli, L. Lanciotti (eds.), *Orientalia Iosephi Tucci Memoriae Dicata*, Serie Orientale Roma, LVI, 1, 111-158.

Jest, C.

1975 *Dolpo, Communautés de langues tibétaines du Népal*, Paris, 1975.

Haarh E.

1968 "The Zhang-zhung Language. A Grammar and Dictionary of the Unexplored Language of the Tibetan Bonpos", *Acta Jutlandica*, XL, 1, 1-43.

Karmay S.G.

1972 *The Treasury of Good Sayings: A Tibetan history of Bon*, London Oriental Series, Vol. 26, Oxford University Press, London.

1975a "A gZer-mig version of the interview between Confucius and Phyva Kentse lan-med", *Bull. of the*

School of Oriental and African Studies, Vo. XXXVIII, Part 3, 562-80.

1975b "A General Introduction to the History and Doctrines of Bon", *Memoirs of the Research Department of the Toyo Bunko*, No.3, Tokyo, 171-218.

1977 "*A Catalogue of the Bonpo Publications*", Toyo Bunko, Tokyo.

1988a *The Great Perfection, A Philosophical and Meditative Teaching of Tibetan Buddhism*, E. J. Brill, Leiden.

1988b *Secret Visions of the Fifth Dalai Lama*, Serindia Publications, London.

1994 "The Origin Myths of the First King of Tibet as Revealed in the Can lnga," *The Arrow and the Spindle: Studies in History, Myths, Rituals and Beliefs in Tibet*, Mandala Book Point, Kathmandu, 282-309.

Kværne P.

1971 "'A Chronological Table of the Bon-po bstan-rtsis of Ñi-ma bstan-'jin", *Acta Orientalia*, Copenhagen, XXXIII, 249-82.

1973 "Bon-po Studies: The A-khrid System of Meditation", Part I-II, *Kailash*, Kathmandu, Part I, 1, 18-50; Part II, 4, 247-332.

1974 "The Canon of the Tibetan Bonpo", *Indo-Iranian Journal*, XVI, 1, 18-56; 2, 96-144.

1985 "Tibet, Bon Religion: A Death Ritual of the Tibetan Bonpos", *Iconography of Religions XII,* 13 E. J. Brill, Leiden.

1986 "Peintures tibétaines de la vie de sTon-pa-gçen-rab", *Arts Asiatiques*, Tome XLI, 36-81.

Mimaki K.

1994 “A Fourteenth Century Bon po Doxography, *The Bon sgo gsal byed* by Tre-ston rGyal-mtshan-dpal”, - A Preliminary Report toward a Critical Edition -, (Proceedings of the 6th Seminar of the International Association for Tibetan Studies, Fagernes, 1992), The Institute for Comparative Research in Human Culture, Oslo, 570-79.

Namkhai Norbu

1981 *The Necklace of gZi, A Cultural History of Tibet*, Dharamsala.

Orofino G.

1990 *Sacred Tibetan Teachings on Death and Liberation*, Prim Press, Dorset.（pp. 288-92に『シャンシュン・ニェンギュ』のPha巻、pp.344-54にBa巻の抄訳を含む）

Roerich G.N.

1988 *The Blue Annals*, Motilal Banarsidass (Reprint), Delhi.

Snellgrove D.L.

1961 *Himalayan Pilgrimage*, Bruno Cassirer, Oxford.

1967 *The Nine Ways of Bon*, London Oriental Series, Vol. 18, Oxford University Press, London.

Stein R.A.

1971 "La langue Źaṅ -Źuṅ du Bon organisé", *Bulletin de l'École française d'Extrême-Orient*, LVIII: 231-254.

Thomas F.W.

1933 "The Źaṅ -Źuṅ Language", *Journal of the Roylal Asiatic Society*, 405-10.

1967 "Źaṅ -Źuṅ Language", (edited by A. F. Thompson), *Asia Major*, VIII, 211-17.

訳者あとがき

本書はサムテン・ギェンツェン・カルメイ（Samten G. Karmay. 以下、サムテン・カルメイ）の *The Little Luminous Boy: The Secret Oral Tradition from the Land of Zhang-Zhung Depicted on Two Tibetan Paintings* の全訳である。同書は一九九八年にタイ・バンコクのWhite Orchid Booksから出版された後、長らく絶版となっていたが、二〇一五年にネパール・カトマンズのVajra Booksから再販されるに至った。欧米諸国では一九七〇―八〇年代にチベット仏教に対する関心が急速に高まり、チベット仏教の瞑想法に関する書籍が多数出版されたが、一九九〇年代に入るとチベット仏教ブームは次第に落ち着きを見せるようになる。そうした状況の中、ボン教という仏教とは異質な宗教伝統を紹介したサムテン・カルメイの一連の仕事は、チベットの精神文化に関心を持つ人びとに新鮮さをもって受け入れられることとなった。本書もまた、チベットの精神世界を一巡した後、新たな刺戟を求めていた人びとに広く読まれた書物の一つである。

サムテン・カルメイは一九三六年、チベット東北部のアムド地方で生まれた。一一歳でボン教僧院に入って修学を開始し、僧院の伝統的な教育課程に沿って七年間、ボン教の儀礼作法の修得や教義研究に励んだ。その後は中央チベットの仏教寺院に遊学し、仏教教義についても知識を深めたが、一九五六年に勃発し、一九五九年に頂点に達したチベット動乱に伴い、インドへの亡命を余儀なくされた。こうした事態を受け、世界各国のチベット学者たちは、チベット文化の保存と、チベット学の推進のために、亡命チベット人たちを共同研究者として欧米諸国に招聘することを決定した。サムテン・カルメイは英国のチベット学の泰斗《たいと》デイヴィッド・スネルグローヴ（David Snellgrove）にその学術的才能を見出され、ロンドンへ渡ることとなった。その後、彼の才能は英国で開花し、大英博物館研究助手、ロンドン大学研究助手を歴任、一九六九年にはロンドン大学の東洋アフリカ研究学院（ＳＯＡＳ）で哲学修士（M. Phil.）、哲学博士の学位を取得するに至った。またサムテン・カルメイは一九七〇年にはフランス東洋学の権威ロルフ・アルフレッド・スタン（Rolf Alfred Stein）の招聘を受けてパリに拠点を移し、フランス国立科学研究センター（ＣＮＲＳ）研究員としてチベット研究に従事した。その後、彼はＣＮＲＳの民族学比較社会学研究所（ＬＥＳＣ）の教授に就任し、一九九七年から二〇〇〇年までは国際チベット学会会長を務めた。ちなみに、サムテン・カルメイは日本との関係も深く、これまでに東京の東洋文庫や、大阪の国立民族学博物館に招聘され、日本人研究者との共同研究に従事している。

サムテン・カルメイの研究の基軸に据えられているのは、ボン教を中心としたチベット文化・歴史の研究である。綿密なフィールド調査と厳密な文献学的研究とによって裏付けられた彼の研究は、学界での評価も極めて高く、また信仰を相対化したうえで、チベットの宗教伝統の全容を解明しようとする、その真摯な研究姿勢に感化された研究者も多い。サムテン・カルメイはこれまでに、『善説法蔵』（The Treasuries of Good Sayings, London 1972）、『大いなる完成（ゾクチェン）：チベット仏教の哲学と瞑想の教え』（*The great perfection (rDzogs chen): a philosophical and meditative teaching of Tibetan Buddhism*, Leiden, 1988）、『ヴァイローチャナと四部医典』（*Vairocana and the rGyud-bzhi. Tibetan Medicine*, a Publication for the Study of Tibetan Medicine, Dharamsala 1989）、『ダライラマ五世の秘密のヴィジョン』（*Secret Visions of the Fifth Dalai Lama*, London 1988）、『弓矢と紡錘』（*The Arrow and the Spindle*, Kathmandu 1999）、『ボン教研究の新境地』（*New Horizons in Bon Studies*, co-authored with Yasuhiko Nagano, Osaka 2000）、『チベット・ヒマラヤ地域におけるボン教寺院の調査』（*A Survey of Bonpo Monasteries and Temples in Tibet and the Himalaya*, co-authored with Yasuhiko Nagano, Osaka, 2003）、『ボン教と呪文：チベットの土着宗教』（*Bon, The Magic Word: the indigenous religion of Tibet*, London. 2007）、『幻影の戯れ：ダライラマ五世自伝』（*The Illusive Play: The Autobiography of the Fifth Dalai Lama*, London 2014）など、多数の著書・論文を発表している。これらはいずれも、チベット学を志す者にとって必読の書となっているが、残念ながらこれまで、彼の著書が日本語に翻訳されたことはない。本書は短い著作ではあるが、サムテン・カルメイの著書の初めての邦訳となる。

ボン教は、仏教がチベットに伝わる前から信仰されていた、チベットの伝統宗教である。チベットには七世紀頃にインドから仏教が伝播し、八世紀には事実上の国教的地位を占めるようになるが、ボン教はその後も消滅することなく、独自の思想を保持しながら、広く民間に根を下ろし続けた。だが、仏教がチベットの広範な地域に教勢を伸ばし、宗教的権威と政治的権威とを共に掌握するようになると、ボン教徒たちは次第に仏教の諸概念や尊格を取り込み、仏教の聖典分類法を援用して、自宗の教理体系の再構成を試みるようになる。今日に伝承されるボン教教典の中に仏教の諸概念や仏教的語彙が散見され、仏教聖典からの明らかな剽窃《ひょうせつ》が認められるのは、そのためである。しかし、ボン教聖典を丹念に読んでいくと、そこには仏教の影響を受けながらも、ボン教徒たちが堅持してきた独特な真理観や実践法が保存されていることが分かる。本書で言及される『シャンシュン・ニェンギュ』には、そうしたボン教独自の教義や修行法に関する教えが収められており、その語り口からは、仏教の圧倒的な影響力の中で、ボン教の伝統を守り続けてきた人びとの自信と矜恃《きょうじ》とを感じ取ることができる。

シャンシュン・ニェンギュとは、シャンシュンに起源を有し、〝聞《ニェン》くこと（聴聞）〟によって相伝されてきた教えの相続《ギュー》という意味である。本書に述べられているように、シャンシュン・ニェンギュの教説は古来、限られた人びとの間で、専ら口伝によって継承されてきたらしい。この教説はのちに文字で書き記され、その一部が『シャンシュン・ニェンギュ』と呼ばれる教典に集成されることになるが、現在でもボン教徒たちは、ただ教典を読むだけではその真義を会得することはできず、その宗教的価値を実現するためには、師が弟子に直接その教えを口授するプロセスが不可欠だと主張している。

シャンシュン国は、西チベットのカイラス山麓付近に存在した古代王国であったと考えられている。これを中国の史書に現れる女国や羊同と同一視する向きもあるが、確証は得られておらず、その精確な位置や勢力範囲についても未だ定説を見ない。またボン教の史書の中には、シャンシュン国の歴史に関する記述を含むものもあるが、そうした記述は大抵の場合、後世の創作と思われる逸話や奇譚《きたん》に満ちており、そこから史実を取り出すことはほぼ不可能である。一方、敦煌文書中のチベット語文献の中には、ソンツェン・ガンポ王（六四九年没）が古代チベット王国（吐蕃《とばん》）を統治していた時代、シャンシュン国はチベットに併合されたという記事を含むものがあり、これを今日のチベット学者たちの多くは史実として受け入れている。こうした記事が史実を反映しているとすれば、チベットがシャンシュン国を併合した後、おそらくチベットにはシャンシュンの文化や宗教が流入することになったのだろう。ボン教徒たちが主張するように、シャンシュン・ニェンギュの伝統がシャンシュン国に起源を持っていたとすれば、こうした併合を契機として、その教説もまたチベットに伝えられることになったと思われる。

本書において著者は、彼のもとに届けられた二枚のタンカについて、いわゆる「絵解き」を試みている。これらのタンカはいずれも、今日のチベット文化域では滅多に目にすることができない資料的価値の高いものである。二枚のタンカのうち、一枚目のタンカ（タンカI）には、シャンシュン・ニェンギュの歴代の相承者たちの姿が描かれている。著者は人物の同定に先立ち、まず二つの図像、すなわちカッコウと、白い裸形の人物に注目する。シャンシュン・ニェンギュでは口伝が重視されているが、その教えは言語を介さずに、心から心へと直接伝授されることもあったと信じられている。カッコウはそうした非言語的な相承の象徴、あるいは悟りの意識そのものの象徴として、しばしばボン教聖典の中に登場する。一方、白い裸形の人物はその図像学的特徴から、一目見ただけでタピ・フリツァであることが分かる。タピ・フリツァはボン教の真理を体得し、虹の身体と呼ばれる非物質的な肉体を獲得したとされる人物である。ボン教徒の間でタピ・フリツァの人気は特に高く、その姿が単独で描かれることも多い。また、タピ・フリツァは光り輝く少年の姿で弟子たちの前に顕れ、彼らに教えを説いたとされることから、「光の少年」（'od kyi khe'u chung）とも呼ばれる。シャンシュン・ニェンギュの教理では、〝真理〟は絶えず光を放出しているとされており、それゆえ「光の少年」は真理そのものの象徴でもある。本書のタイトルは、タピ・フリツァのそうした異名からとられている。

著者は一五世紀初頭にボン教僧パ・テンギャル・サンポが編んだ『師資相承伝』の記述を手掛かりに図像の同定を進めていく。『師資相承伝』は、ボン教徒たちの間で伝承されてきた導師たちの伝記を整理編纂したものである。同書には後世の創作と思われる挿話が豊富に織り込まれており、その叙述がいったいどの程度まで史実を反映しているのか判然としない。それゆえ『師資相承伝』を純粋な史書と見なすことは困難であるが、この書物の意義はむしろ、歴代の導師たちの伝説を通して、ボン教の修行者たちの慣習や、シャンシュン・ニェンギュの相伝において重視されてきた事柄、また理想的な修行の進め方などが語られている点にあると見るべきだろう。例えば、シャンシュン・ニェンギュの伝授にあたっては、師と弟子は直接面会する必要があり、師は外見や夢兆を頼りにして弟子の資質を吟味しなければならなかったこと、また教説の伝授は一人だけに限られており、それは秘密裡に行われるべきであると考えられていたこと、などである。また『師資相承伝』では、優れた資質を有する者であっても、師から教えを受けただけでは究極的な価値を実現することはできないということが、繰り返し強調されている。幸運にも師と出会うことができた者は、まず師の教えを理解し、師および教えに対する信心と信頼の気持ちを起こさなければならない。そして瞑想実践を通じて師の教説を体験的に理解し、理解と体験とを一致させるのである。また瞑想修行を続ける中で生じた疑念については、それを晴らすために繰り返し師の教えを仰がなければならない。このようにシャンシュン・ニェンギュの相承は、一度限りの面授で終わるものではなく、師と弟子との持続的な関係性の中で成立してきたのである。

このほか同書からは、ボン教の修行者たちの様々な慣習を読み取ることができる。例えば、教えを受けた際はその謝礼として金品を贈る必要があったこと、隠棲修行中の食事は最低限にとどめ、修行明けの食事は少量の凝乳から始め、徐々に普段の食生活に戻すこと、また黒糖酒で修行の完成を祝う習慣があったこと、などである。また伝記の中にシャンシュン・ニェンギュの教理が巧みに織り込まれている点も興味深い。例えば、死期を悟ったチャタンワ・ツルティム・サンポは、弟子たちを集めて別れの言葉を述べたあと、「さあ皆さん、自己の場所に戻りなさい」と告げたとされる。この言葉は、弟子たちにその場からの退去を求めるものであると同時に、諸々の概念的思考を放棄し、本有的な悟りの意識（明知）へと回帰せよという教えを含意するものであることは明らかである。シャンシュン・ニェンギュの教え、特にゾクチェンの教説に触れたことのある読者であれば、『師資相承伝』に収められる導師たちの伝記の随所に、ボン教やゾクチェンの教理がちりばめられていることに気づくだろう。このように『師資相承伝』は、教典としての性格も有しているのである。

二枚目のタンカ（タンカII）は、シャンシュン・ニェンギュの教えをコンパクトに纏めた『四輪結合』と呼ばれる教典に基づき、特にゾクチェンの存在論を図像によって表現した非常に珍しいものである。ゾクチェンはボン教のみならず、チベット仏教のニンマ派でも継承されている、チベットの伝統的な宗教思想である。ゾクチェンの存在論では、現象世界は個々人に内在する純粋な意識の自発的顕現であるとされる。『四輪結合』では、こうした純粋な意識を〝原初の土台〟や〝明知〟、あるいは〝シェーリク・ギャルポ〟（智慧の王）などと呼び、それは個別性を失うことなく「互いに触れあうことがない」まま、人間を含む一切の存在に潜在するとしている。さらに同教典には、純粋な意識から五色の光明が顕れて現象世界を構成し、人間が世界を「自己の外部」として認識するプロセスが示される一方で、現象世界が自己に潜在する純粋な意識の自発的顕現であることを知り、そのことを体験的に理解すれば、人は悟りの境地へ至ることができると説かれている。

タンカIIでは、現象世界が自己の内部に潜む意識の顕現であることを悟った者の境地、すなわち涅槃の境地が上半分に描かれており、現象世界を自己の外部の世界として認識する者の境地、つまり輪廻の世界が下半分に描かれている。『四輪結合』によれば、輪廻の世界を涅槃の境地に転換するためには、〝光明〟の瞑想を実践しなければならない。行者はこの瞑想を通じて、「散らばった水銀が結集していくかのようなヴィジョン」や「精髄の環でできた光の宮殿」のヴィジョンなどを体験したのち、やがて現象世界が「自己の心から顕れ出たもの」であることを、生きながらにして悟るという。また瞑想に従事したことがない者が、涅槃の境地へ至る最大の好機は、人間が死後、再生するまでの間、すなわち中有において訪れるとされる。チベット仏教の中にも中有における解脱について説く、いわゆる『死者の書』と呼ばれる教典群が伝えられているが、『四輪結合』は、ボン教における『死者の書』ともいうべき性格を有している。

本書の翻訳にあたっては、原書の英文に忠実であることを心がけたが、直訳では分かりにくいと思われる箇所については、チベット語原典にも当たり、その内容に即して訳文を工夫したところもある。そのため、原書の英文と訳文との間に多少の隔たりが感じられることもあるかもしれないが、それは著者の解釈とチベット原典とを共に尊重しつつ、より精確な翻訳を心がけた結果であると理解されたい。

近年、ボン教はチベットの精神文化の基層を探るうえで重要な宗教伝統として、世界中のチベット学者たちの注目を集めている。ボン教に関する研究論文も増加傾向にあるが、我が国ではボン教という宗教伝統について知る人はまだ少ないだろう。本書は魅力ある図像を眺めながら、ボン教の歴史や信仰生活、教理の概要に触れることができる、ボン教の入門書でもある。本書によってチベットの宗教文化の多様性が日本の読者に認識され、チベットに対する新たな関心を呼び起こすことになれば、それは著者にとっても喜ばしいことであると思う。

本書の翻訳を引き受けてから、訳者の怠惰のため仕事の完成は延引を重ね、長い年月が経過してしまった。この間、終始温かく励ましていただき、様々な助言を与えてくださった編集者の高橋聖貴さん、ナチュラルスピリットの田中智絵さん、諏訪しげさんには、心から感謝したい。また編集、校正等の厄介な仕事については、同社の編集部の皆さんに大変お世話になった。ここに記して謝意を表したい。

二〇二三年七月

津曲　真一

地名

索引

人名・神名・尊格名

著者紹介

サムテン・ギェンツェン・カルメイ（Samten G. Karmay）

チベット東北部アムド生まれ。ボン教寺院で教育を受けた後、1959年まで中央チベットのデプン僧院で仏教哲学を学んだ。その後、ロンドン大学・東洋アフリカ研究学院にて外来研究員・研究助手を務め、修士号（M.Phil）、博士号（Ph.D）を取得。フランス・パリの高等研究実習院（École pratique des hautes études）、東洋文庫、東京大学、コレージュ・ド・フランス（Collège de France）、京都大学で研究員などを歴任した。

1981年にフランス国立科学研究センター（CNRS）の研究員、パリ第10大学の民族学比較社会学研究所（LESC）の研究員に就任し、CNRSの「チベット地域の言語と文化」（Langues et culture de l'aire tibétaine）研究班に参加。1989年にCNRSの研究部長に就任し、1990年にはその研究業績に対しCNRSから銀賞が授与された。チベット各地で調査研究に従事し、1985年にアムド、1987年と1991年に中央チベット、1993年にカムとアムド、1995年には中央チベットで実地調査を行った。

1995年、オーストリアのグラーツで開催された第7回国際チベット学会において会長に選任される。

The Great Perfection, A Philosophical and Meditative Teaching in Tibetan Buddhism (Leiden, E.J. Brill, 1988)、*Secret Visions of the Fifth Dalai Lama* (London, Serindia Publications, 1988）など著書多数。この他、英語・フランス語・チベット語で40点余りの論文を発表している。

訳者紹介

津曲真一（つまがり・しんいち）

大東文化大学文学部教授。専門は宗教学・チベット学。著書・論文に『媒介物の宗教史（上・下）』（共編・2019、2020年、リトン）、「イッポリト・デシデリ神父の輪廻批判」『越境する宗教史（上）』（2020年、リトン）、「真言・事物・護符―疾病の来源と猪の護符について」『チベットの宗教図像と信仰の世界』（風響社、2019年）などがある。

光の少年

チベット・ボン教の二つの図像から読み解く秘密の口承伝統

●

2023 年 11 月 27 日　初版発行

著者／サムテン・ギェンツェン・カルメイ
訳者／津曲真一

装幀／内海 由
編集／高橋聖貴
DTP／伏田光宏
校正／安達真紀子

発行者／今井博揮
発行所／株式会社 ナチュラルスピリット
〒101-0051 東京都千代田区神田神保町 3-2 高橋ビル 2 階
TEL 03-6450-5938　FAX 03-6450-5978
info@naturalspirit.co.jp
https://www.naturalspirit.co.jp/
印刷所／シナノ印刷株式会社

ISBN978-4-86451-459-0 C0010